UNE AUTRE VILLE EST POSSIBLE

Une autre ville est possible
ISBN 978-2-8207-0381-1

Éditions un Monde Nouveau, dirigée par René Revol
Photo de couverture iStock

RENÉ
REVOL

UNE AUTRE VILLE EST POSSIBLE

UN MONDE NOUVEAU

Sommaire

Introduction Le principe fondateur - La liberté communale - Un mandat populaire *(page 5)*

Chapitre 1 Construire un bouclier social local *(page 15)*

Chapitre 2 Notre priorité : l'éducation *(pages 25)*

Chapitre 3 Culture et sport pour tous *(page 35)*

Chapitre 4 Du choc climatique à la rupture écologique *(page 41)*

Chapitre 5 Pour une planification écologique locale *(page 47)*

Chapitre 6 Bien commun et régie publique de l'eau *(page 53)*

Chapitre 7 Le défi de la gestion des déchets *(page 61)*

Chapitre 8 De l'espace public à la maison commune *(page 67)*

Chapitre 9 Le nerf de la guerre *(page 77)*

Chapitre 10 Pour une démocratie locale continue *(page 89)*

Conclusion Du communalisme à la révolution citoyenne *(page 101)*

Introduction

Au terme de ce mandat, en 2026, cela fera 18 ans que j'exerce la fonction de maire de ma commune. À la demande de nombreux amis, notamment issus de la nouvelle génération, je me lance ici dans un premier bilan de cette action municipale, que j'ai voulue en rupture avec les politiques dominantes. Cette expérience, avec ses forces et ses faiblesses, peut nous servir pour l'avenir.

Précisons que je suis devenu maire sur le tard, à l'âge de 60 ans, après 40 années de vie professionnelle comme enseignant, dont les vingt dernières en classes préparatoires aux grandes écoles en sciences économiques et sociales. J'ai toujours été un militant syndical et politique depuis mes 17 ans, n'occupant jusque-là que des fonctions bénévoles.

En 2008, j'ai eu l'honneur de conduire une liste citoyenne qui a remporté les élections municipales dans notre ville de Grabels, au sein de l'agglomération de Montpellier. J'ai été réélu en 2014 puis en 2020.

Pour comprendre l'action publique locale ici résumée, précisons quels en sont les principes.

Le principe fondateur : la liberté communale

La libre administration des communes plonge ses racines dans l'histoire longue, jusqu'à la Révolution française. De la fin du Moyen Âge au siècle des Lumières, les cités européennes n'ont cessé de lutter pour s'émanciper de la tutelle des seigneurs et des rois. Parti des cités italiennes, ce mouvement s'est répandu dans toute l'Europe et notamment dans les États du Languedoc, dont faisait partie ma commune. Mais il fut brisé par l'absolutisme royal, en particulier sous Louis XIV, souvent couplé à la répression des huguenots.

Dès ses premières semaines, la Révolution française consacre le principe de la liberté communale. En août 1789, entre l'abolition des privilèges (le 4 août) et l'adoption de la Déclaration des droits de l'homme et du citoyen (le 22 août), les débats des Constituants instituent cette conquête démocratique. Sa première traduction juridique survient avec la loi du 14 décembre 1789, présentée par Mirabeau.

Par la suite, les pouvoirs autoritaires de l'Empire et des monarchies n'ont cessé de remettre en cause cette liberté, allant jusqu'à imposer la nomination des maires par les préfets. Ce n'est qu'avec les grandes lois républicaines du 4 avril 1884 que la libre administration communale, loi du 5 avril, fondée sur le suffrage universel, est véritablement consacrée, socle juridique toujours en vigueur aujourd'hui.

Si la Constitution actuelle reconnaît, dans son article 72, ce principe, force est de constater que les institutions de la Ve République, d'inspiration bonapartiste, ne cessent d'en réduire la portée.

En conséquence, toutes nos actions se sont voulues animées par une volonté républicaine et démocratique : faire vivre la liberté des citoyens d'une commune à s'administrer eux-mêmes, dans le cadre des lois de la République, qui sont les mêmes pour tous.
Pour paraphraser Marx : *l'émancipation de la commune sera l'œuvre de la commune elle-même.*

« Triangle démocratique » versus « triangle bureaucratique »

La liberté communale est particulièrement contestée depuis une cinquantaine d'années, en particulier par les institutions de la Ve République et par les transformations institutionnelles induites par l'intégration européenne.

Notre République s'est pourtant fondée, dès la Révolution française, sur ce que j'appelle un **triangle institutionnel démocratique**, c'est-à-dire trois niveaux directement légitimés par le suffrage universel :

1. **La commune,** librement administrée par son maire et ses conseillers municipaux élus.
2. **Le département,** dirigé par un conseil départemental (ex-conseil général) élu.
3. **La nation,** dont les lois, applicables à tout le territoire, sont élaborées par l'Assemblée nationale, également élue au suffrage universel direct.

Ce socle institutionnel, confirmé par les lois constitutionnelles de la fin du XIXe siècle, est remis en cause. Trois évolutions principales l'affaiblissent.

L'Europe : le Parlement européen, bien qu'élu au suffrage universel, dispose de pouvoirs réduits face à une Commission européenne non élue, qui concentre des prérogatives décisives. On l'a vu encore récemment avec la désastreuse négociation sur les droits de douane, menée dans le dos des peuples.

La Ve République : elle confère à l'exécutif des moyens consistants pour court-circuiter le Parlement. L'affaiblissement du rôle législatif de l'Assemblée nationale s'est accentué jusqu'à la caricature sous la présidence d'Emmanuel Macron.

La réforme territoriale : depuis 2015, les départements ont vu leurs compétences drastiquement réduites, privés de la clause de compétence générale et limités surtout au rôle social. Dans le même temps, les régions ont vu leur pouvoir s'étendre, parfois en connivence directe avec l'Union européenne. Or, malgré leur élection directe, leur légitimité reste faible. La réforme Hollande, avec la fusion des régions, a créé des « monstres bureaucratiques » éloignés des habitants. L'Occitanie en est l'illustration : 6 millions d'habitants pour une seule collectivité régionale.

À l'échelle locale, ce sont les communes qui subissent les reculs les plus nets. Leurs compétences sont transférées aux intercommunalités, dont la Métropole de Montpellier, l'une des plus intégrées de France. Depuis 2015, nombre de maires des 31 communes qui la composent ressentent un sentiment d'impuissance chronique. Certes, certaines politiques publiques peuvent légitimement être gérées à l'échelle intercommunale, par exemple l'eau potable sur un bassin versant, mais cela doit se faire dans un esprit de coopération, non par dépossession.

De plus, les intercommunalités reposent sur un mode de scrutin « fléché » : les élus métropolitains sont désignés via les listes municipales, sans vote direct des citoyens. Leur légitimité démocratique en est donc amoindrie.

Ainsi, Europe, Région et Intercommunalités forment ce que je nomme un triangle bureaucratique : trois niveaux technocratiques qui rognent la souveraineté populaire. La fidélité au principe de la liberté communale exige de combattre cette dérive et de redonner du pouvoir au suffrage universel, en commençant par respecter pleinement le mandat municipal.

Un mandat populaire

Dès mes premiers jours de maire, j'ai compris que ce mandat n'était pas un mandat comme les autres. Être maire, c'est incarner un mandat profondément populaire, au double sens du terme. D'un côté, la confiance : alors que plus de 80 % de nos concitoyens expriment aujourd'hui une défiance envers les responsables politiques – présidents, ministres, députés, conseillers régionaux ou départementaux –, près des trois quarts continuent de faire confiance à leur maire et à leurs élus municipaux. De l'autre, la proximité : dans un contexte d'effondrement des grandes institutions qui structuraient la vie sociale (administrations, syndicats, partis, associations), la commune devient un refuge. On y vient chercher écoute, assistance et soutien.

Le quotidien du maire en témoigne : passer dans les écoles, vérifier les repas à la cantine, saluer les animateurs du centre de loisirs, flâner sur le marché, visiter les commerces, participer aux manifestations locales... Partout, on est sollicité. Les permanences hebdomadaires ne désemplissent jamais. Parfois, le ton monte et on se fait interpeller pour des problèmes qui ne relèvent pas directement de la commune. Mais le plus souvent, une attitude d'écoute et d'accompagnement permet de désamorcer la colère et de donner aux habitants le sentiment d'être entendus.

Le maire doit donc rester immergé dans la vie de la population, particulièrement auprès des plus modestes, non se replier dans la gestion administrative.

Partager un projet de ville

Les habitants n'attendent pas seulement de leurs élus municipaux qu'ils gèrent les affaires courantes. La commune est la cellule de base de la République : elle doit porter l'idéal de liberté, d'égalité et de fraternité.

À Grabels, nous avons cherché à construire **un projet de ville collectif,** articulé autour de trois grands registres :

1. **Réduire les inégalités et la pauvreté** en améliorant leurs conditions de vie et en favorisant un lien social fort.
2. **Mettre en œuvre la bifurcation écologique,**

pour rendre le territoire résilient face au changement climatique.
3. **Assurer la participation active des habitants** à toutes les politiques locales, par une véritable démocratie de proximité.

Le fil rouge de cette action : donner à la commune la maîtrise des biens communs essentiels, au service des besoins humains. Cela suppose d'éviter deux écueils : croire que la commune pourrait, seule, accomplir l'émancipation sociale et écologique, ou au contraire se réfugier dans l'inaction sous prétexte de contraintes extérieures.

Entre ces deux pièges, il faut **oser agir** : même si nos réalisations ne changent pas le cadre global, elles améliorent concrètement la vie des habitants et montrent qu'une autre politique est possible.

Rompre avec le paradigme urbain dominant

Notre ville se situe dans la première couronne de Montpellier. La pression démographique et foncière y est forte : la population est passée de 3 500 habitants en 1990 à plus de 9 000 aujourd'hui. Cette croissance n'est pas un problème en soi, à condition de la maîtriser.

Or, de 1970 à 2010, Montpellier a imposé un modèle d'urbanisation extensive : lotissements éloignés, zones séparées (habitation, activité, commerce, loisirs), dépendance automobile, cités-dortoirs, congestion et pollution. Ce modèle, impulsé par Georges Frêche, a certes favorisé une forte attractivité économique, culturelle et sportive, elle a permis à Montpellier de s'affirmer entre

Marseille et Barcelone, mais il a fragmenté le territoire, renforcé les inégalités et contribué au délitement du lien social.

Dès notre arrivée, nous avons voulu rompre avec ce paradigme : construire un projet de ville qui articule habitat, services publics, culture, sport, vie locale et préservation de la nature. Nous avons souvent affronté de plein fouet les logiques dominantes, mais nous avons tenu ce cap.

Engagement politique et mandat municipal

Être maire, c'est assumer une responsabilité politique. Décider de l'aménagement de sa commune, développer ou non un service public, choisir entre régie publique ou privatisation : tout cela relève de choix politiques.

Pour ma part, je n'ai jamais caché mon engagement : militant depuis l'âge de 17 ans, fidèle à l'action politique de Jean-Luc Mélenchon, j'ai poursuivi mes mandats municipaux sans jamais renier mes convictions. Les électeurs de Grabels le savaient en 2008 et m'ont renouvelé leur confiance depuis.

Cette clarté est une condition de la confiance. Le maire et les élus municipaux sont au service de l'intérêt général de la commune. L'unité d'une équipe municipale repose sur un programme commun, validé par les électeurs, et sur la fidélité à nos engagements. C'est cette cohérence qui nous a permis de surmonter les divergences politiques internes.

La vertu de l'exemple

Dans les pages qui suivent, nous ne prétendons pas à l'exhaustivité. Nous voulons mettre en lumière les réalisations emblématiques qui donnent sens à l'action municipale.

La responsabilité d'un maire n'est pas d'attendre un consensus illusoire, mais de mettre en œuvre, dès le début du mandat, le programme validé par les habitants. Chaque réalisation compte non seulement par l'amélioration qu'elle apporte au quotidien, mais aussi par l'élan qu'elle donne aux autres collectivités, aux acteurs nationaux et surtout aux citoyens.

La mobilisation citoyenne n'est pas une option : elle est la condition indispensable à la réussite d'un mandat municipal. Car la liberté communale ne peut vivre sans une société mobilisée.

Chapitre 1.
Construire un bouclier social local

Le monde capitaliste génère inégalités, pauvreté et injustice. Quel que soit le niveau d'action publique, notre devoir est de lutter contre cette injustice et de défendre les plus faibles. Dans ce domaine, la commune joue un rôle essentiel, trop souvent négligé.

Historiquement, dans les petites villes, l'entraide locale a longtemps tenu lieu de filet de protection, une fonction attendue aujourd'hui des services publics communaux. Pourtant, dans le discours politique dominant, on insiste souvent sur la faiblesse des compétences sociales attribuées aux communes, renvoyant principalement cette responsabilité au département, à l'État ou à la sécurité sociale, autant d'institutions dont l'accès direct reste souvent complexe pour nos concitoyens.

Il faut donc construire et faire vivre un véritable service public social communal qui embrasse l'ensemble des droits sociaux dans une étroite relation avec ces institutions. Parmi les outils de cette action, le Centre Communal d'Action Sociale (CCAS) joue un rôle clé. Son conseil d'administration, présidé par le maire, est composé pour moitié de délégués du conseil municipal et pour moitié de personnalités qualifiées représentant des associations locales.

Les obligations des CCAS sont très limitées dans la loi, mais rien n'empêche une municipalité d'en élargir le périmètre et les moyens. C'est ce que nous avons fait depuis une quinzaine d'années : rompant avec le train-train du repas annuel des aînés et de quelques aides parcimonieuses, nous avons développé tout le champ de l'accès aux droits en insérant le CCAS dans un service social communal beaucoup plus large, mobilisant d'autres services municipaux.

Détaillons maintenant les différentes facettes de ce bouclier social.

Droit à l'alimentation

Une partie de notre population souffre de la faim, une réalité sur laquelle nous ne pouvons fermer les yeux. Nous avons donc mis en place une épicerie solidaire municipale où en son sein des travailleurs sociaux orientent les populations dans le besoin. Au début, il s'agissait surtout de familles ; depuis 2020, nous voyons arriver des célibataires, des jeunes de moins de 25 ans, des étudiants.

Cette épicerie fonctionne comme un magasin : les bénéficiaires peuvent librement choisir des produits qu'ils ne paient que 10 % de leur valeur, le reste étant subventionné par la mairie. Il ne s'agit donc pas de la remise d'un simple paquet alimentaire, impliquant une relation de dépendance, mais d'un choix libre respectant ainsi la dignité des personnes. Ce lieu est aussi un espace de convivialité : les bénéficiaires peuvent, en toute confiance, partager bien plus que leurs besoins matériels. Qu'il s'agisse de questions liées au logement, à l'emploi..., l'écoute réciproque fait que les travailleurs sociaux sont avant tout perçus comme des partenaires avec lesquels ils peuvent échanger.

Dans cette dynamique, nous avons également favorisé la création de « La Cantina », un tiers-lieu alimentaire au cœur de notre quartier populaire. Il offre une restauration saine et de qualité avec trois tarifs : un prix plus élevé pour ceux qui veulent soutenir la solidarité, un prix moyen correspondant au prix de revient, un prix réduit pour les personnes aux revenus modestes.

Nous poursuivons cette action en favorisant l'achat de produits de qualité en vrac, en mettant à disposition des locaux pour des associations locales, et en lançant les premiers éléments d'une sécurité sociale alimentaire locale. Nous soulignons l'importance d'une sécurité sociale alimentaire à l'échelle nationale, comme le défend notre député local, Sylvain Carrière, dans une proposition de loi.

Par ailleurs, un local est mis à disposition de l'association « La Dentellière », qui propose un vestiaire solidaire. Ce dispositif joue à la fois un rôle social et une fonction d'économie circulaire, en diminuant les déchets textiles. Chaque vêtement est vendu en moyenne à un euro, et la totalité des recettes est reversée à l'action sociale du CCAS.

Cette action sociale se développe aussi dans le champ scolaire et périscolaire, notamment pour la restauration.

Le droit au logement

Dans la crise actuelle du logement, la région de Montpellier est l'une des plus tendues. Les loyers privés sont exorbitants, l'accès à la propriété devient de plus en plus difficile, la file d'attente pour les logements sociaux s'allonge, et un nombre croissant de nos concitoyens vit dans des conditions précaires, sans oublier l'augmentation alarmante des personnes sans domicile fixe.

Lorsque je suis devenu maire, notre commune ne disposait que de 3,7 % de logements sociaux. J'ai clairement annoncé dans toutes les campagnes électorales que nous allions multiplier ce chiffre, faisant mentir tous les Cassandre qui prédisaient notre défaite électorale si nous revendiquions la création de logements sociaux.

Aujourd'hui, nous frôlons les 20 % de logements sociaux et ferons tout pour atteindre les 25 % en 2030. Œuvrant pour la transparence dans leur attribution, nous nous appuyons sur des critères objectifs et publics que nous défendons dans toutes les commissions d'attribution.

Bien que la commune n'ait plus officiellement la compétence du logement, les élus municipaux ne doivent pas pour autant baisser les bras. Ils doivent se battre pour que les décisions d'urbanisme permettent la construction de logements sociaux et, d'un autre côté, défendre tous ceux qui vivent sur le territoire pour qu'ils obtiennent un logement décent.

Là aussi, nous attendons une politique nationale qui fait cruellement défaut, et nous espérons que la mobilisation des communes comme la nôtre imposera un changement de cap.

Le droit à l'emploi

Quand nous avons investi ce champ, un tollé s'est élevé de la part des conservateurs, pour qui c'était la compétence exclusive de l'État pour qui la question de l'emploi relevait de France Travail (ex Pôle emploi). Nous avons persévéré.

Nous avons d'abord dédié un poste d'agent communal à l'accompagnement pour l'emploi, recensant les demandeurs d'emploi de la commune et les mettant en relation avec les offres locales, en ciblant d'abord les jeunes de moins de 25 ans, puis en généralisant.

Nous avons développé des partenariats étroits avec toutes les structures dédiées à la politique de l'emploi : France Travail, mission locale, Cap emploi (pour les personnes en situation de handicap). Cela a nettement amélioré le taux d'emploi local.

Nous avons bataillé pour obtenir le label « Territoire zéro chômeur de longue durée » et le financement associé, en jumelant notre quartier populaire avec une partie de celui de la Paillade à Montpellier. Fin 2024, nous avons mis en place une entreprise à but d'emploi (EBE)qui a déjà créé 24 CDI, avec un objectif de 200 emplois dans les deux ans à venir. Nous avançons ainsi à contre-courant des politiques publiques néolibérales qui laissent la création d'emplois au seul jeu du marché.

Le droit à la santé

Là encore, on nous a dit que ce n'était pas de notre compétence !

Outre l'accompagnement par nos services sociaux municipaux, nous avons mis en place une mutuelle communale, couvrant ceux qui n'ont pas accès aux grandes mutuelles.

Nous avons favorisé, par des décisions d'urbanisme, l'installation de professionnels de santé dans la commune, qui souffrait d'un terrible manque : augmentation du nombre de médecins généralistes, arrivée de spécialistes, centres d'analyses biologiques, dentistes, kinésithérapeutes, ostéopathes.

Nous avons aussi accueilli la création d'un centre médical d'urgence 24h/24, contribuant à désengorger les urgences de l'hôpital.

L'accès aux droits pour toutes et tous

Trop nombreux sont celles et ceux qui, bien qu'éligibles aux minima sociaux, n'en bénéficient pas, faute d'information, par méconnaissance ou en raison de leur marginalisation sociale. RSA, allocation handicap, allocation autonomie pour les personnes âgées, APL... Le parcours pour obtenir ces aides est souvent sinueux et opaque, et le temps d'attente accroît la précarité des personnes concernées.

Les organismes concernés, souvent départementaux, sont débordés, et les bénéficiaires se découragent rapidement.

Pour pallier ce problème, nous avons recruté, malgré notre taille modeste, une assistante sociale municipale habilitée à instruire directement tous ces dossiers. Nous avons clairement le sentiment de suppléer aux défaillances de l'État social, mais l'urgence quotidienne l'impose.

Grâce à cette démarche, en quelques années, nous avons multiplié par quatre l'accès aux droits sur notre territoire, réduisant massivement le non-recours. Lorsque ces aides tardent à venir, nous complétons par des aides financées sur notre budget communal.

Une véritable politique d'inclusion des personnes en situation de handicap

Nous avons commencé par créer une commission d'accessibilité, contrairement à ce que nous disait la préfecture, pour laquelle seule l'intercommunalité en avait la compétence. Cette commission est devenue un levier pour l'aménagement de l'espace public.

Mais il fallait aller plus loin. Dans l'éducation, outre la sensibilisation des professionnels à l'accompagnement des enfants en situation de handicap, nous avons, en accord avec l'ARS et l'hôpital public, mis en place dans une école une unité maternelle d'enseignement destinée aux enfants autistes profonds. L'autisme peut être détecté très tôt, entre 18 mois et trois ans, et il est vital de prendre en charge ces enfants dès la maternelle. Cette unité, installée depuis 2018, prouve son efficacité et appelle à la généralisation de telles structures partout en France.

Chaque année, tous les enfants scolarisés dans notre

commune passent une journée entière à tester différentes situations de handicap, ce qui modifie profondément leur regard et celui de leurs parents. Nous mettons en cohérence inclusion et logement, en transformant les amendes que nous devrions payer pour manque de logements sociaux en subventions pour créer des logements mieux adaptés, au-delà des normes habituelles.

Nous encourageons aussi toutes les associations sportives à développer avec notre aide des processus spécifiques d'intégration des joueurs en situation de handicap.

À quand une nouvelle grande loi nationale contraignante sur l'inclusion ?

L'accueil du grand âge

Nous avons commencé par la construction d'un EHPAD de 66 places, toutes éligibles à l'aide sociale, avec une unité Alzheimer, ouvert en novembre 2013, géré par une mutuelle. Installé au cœur du village, il entretient des relations étroites avec la municipalité, les services sociaux, les associations et les écoles. Un contexte qui n'isole pas les personnes âgées mais les intègre à la vie locale.

La majorité des personnes âgées restent cependant à domicile, souvent des femmes seules. Le CCAS a donc mis en place un service d'aide à domicile et de portage des repas.

Conclusion

Ce tableau illustre clairement que la commune est bien plus qu'un simple échelon administratif limité par la loi. Elle dispose d'un potentiel immense pour reprendre en main les grands défis sociaux de notre temps, en mobilisant pleinement l'énergie de ses agents publics et la vitalité citoyenne de ses associations.

Si l'État démissionne, la commune peut être une première ligne d'action pour construire un bouclier social à la mesure des besoins. Mais seule une vraie politique nationale ambitieuse pourra protéger durablement les plus fragiles. Il nous faut donc agir localement, sans illusion, en mobilisant ce qu'il reste de la *République sociale*.

Chapitre 2.
Notre priorité : l'éducation

Petite enfance, enfance et jeunesse

Au cœur de toute politique publique progressiste se trouve la volonté de favoriser l'émancipation individuelle et collective. Cela signifie permettre à toutes et à tous de devenir autant que possible maîtres de leur vie, de satisfaire leurs besoins humains fondamentaux et de construire librement leur avenir. L'éducation, au sens large, de la petite enfance à l'éducation populaire pour adultes, est l'activité centrale qui concourt à cette émancipation.

Nous considérons que les collectivités locales ont une responsabilité essentielle dans ce processus éducatif. Pourtant, cette responsabilité est souvent réduite à la seule fourniture de locaux et de personnels de service : la commune pour l'école primaire, le département pour les collèges, la région pour les lycées. Cette vision réductrice ne permet pas de saisir l'enjeu global de l'éducation, qui implique tous les acteurs : l'État à travers l'Éducation nationale, les collectivités, les représentants des élèves et des parents, les associations culturelles et sportives.

Construire des écoles de qualité et adaptées au changement climatique

Le dynamisme démographique de notre commune a doublé le nombre d'élèves en école maternelle et élémentaire, passant de 400 à 800 en quinze ans. Il fallait d'abord répondre à cette croissance, ce que nous avons fait en doublant le nombre de classes par une extension en 2012, puis en construisant une nouvelle école dans un quartier en développement en 2018. Nous avons ainsi sécurisé nos capacités d'accueil pour les dix prochaines années[1].

Mais il ne s'agissait pas seulement de répondre à un besoin quantitatif : il fallait construire une nouvelle génération de bâtiments scolaires résilients au changement climatique, capables de faire face aux aléas climatiques à répétition et de garantir un confort thermique tout en réduisant les dépenses énergétiques et la dépendance aux énergies fossiles.

À ce titre, la rénovation complète de notre ancienne école élémentaire, inaugurée à la rentrée 2024, est exemplaire : isolation extérieure avec coffrages remplis de paille, systèmes mécaniques de ventilation dans chaque classe, toiture photovoltaïque permettant en autoconsommation de couvrir les besoins de l'école mais aussi de tous les bâtiments municipaux du bourg centre, transformation de la cour en oasis. La labellisation nationale obtenue pour ce projet confirme la pertinence de notre engagement.

---

1 Il nous a paru important (municipalité, enseignants, parents) d'offrir aux enfants de même âge mais de quartiers éloignés, la possibilité au cours de leur scolarité de se retrouver dans la même école. D'où la décision de regrouper tous les élèves de CE2 dans la même école du centre-bourg, moyennant la mise en place par la commune d'un transport scolaire gratuit.

Deux conditions ont rendu cela possible :

Une participation collective : tous les acteurs ont été associés dès la conception, via un vaste processus participatif. Enseignants, agents municipaux, élèves via le conseil communal des enfants (élu du CP au CM2), services techniques, parents élu par les élèves : chacun a contribué à penser les usages de cet ensemble scolaire.

Un choix budgétaire assumé : un investissement de plus de 5 millions d'euros. Nous avons mobilisé l'essentiel de notre épargne municipale pendant trois ans, après débat en conseil municipal, nous sommes parvenus à obtenir plus de 50 % du financement grâce à une chasse active aux subventions : État, Région, Agence de l'eau, intercommunalité. Nous sommes aujourd'hui inquiets de voir les politiques d'austérité gouvernementales menacer ces financements essentiels, grevant les capacités d'action des communes qui voudraient suivre notre exemple.

L'importance de l'humain dans l'action éducative

Fournir des locaux ne suffit pas. L'apport des personnels municipaux est crucial dans l'acte éducatif global. La loi actuelle impose à la commune de fournir un poste d'ATSEM (Agent Territorial Spécialisé des Écoles Maternelles) par école maternelle. La présence de ces professionnels dans chaque classe est indispensable.

C'est pourquoi nous avons toujours veillé à ce que chaque classe maternelle dispose d'une ATSEM diplômée, placée sous l'autorité de l'enseignant. Nous nous efforçons même d'en avoir plus que de classes, afin d'assurer la coordination, les remplacements et les interventions spécifiques.

Nous exigeons également que l'État revalorise le salaire de ces personnels, aujourd'hui bloqués, dès le milieu de leur carrière, à des rémunérations indécentes.

Les personnels de nettoyage et de restauration scolaire doivent rester municipaux : en aucun cas ces fonctions ne doivent être déléguées au privé, comme c'était encore le cas il y a 18 ans. Tous ces agents doivent être titularisés, pour garantir leur stabilité et leur engagement dans la durée. Pour assurer une relation respectueuse entre les enfants et ces personnels, nous les avons également formés à l'animation. Ils participent ainsi activement à la vie éducative, notamment pendant les repas, en accompagnant les enfants à finir leurs assiettes mais aussi à mieux gérer leurs biodéchets.

L'animation périscolaire, une richesse éducative à part entière

L'accueil du matin, le temps du repas, le périscolaire du soir : tous ces moments sont essentiels. Ce sont des temps de vie à part entière, qui révèlent d'autres facettes de la personnalité des enfants, et nous éclairent sur leurs besoins. Nous avons donc massivement investi dans le recrutement et la formation d'animateurs, créant en plus d'une décennie une véritable culture de l'animation, avec des talents éducatifs souvent insoupçonnés.

Cela nécessite de rompre avec la logique du turnover et des emplois précaires : nous avons fait le choix de titulariser et stabiliser la majorité de nos animateurs.

Cette politique se prolonge dans les centres de loisirs. Dès notre arrivée, nous avons municipalisé leur gestion, auparavant confiée à une entreprise privée. Rappelons que l'enfant n'a que 142 jours d'école par an : il passe donc autant de jours en dehors, entre mercredis et vacances. Il faut construire une politique éducative pour ce temps-là aussi, avec des animations culturelles, sportives, musicales, environnementales, en lien avec les associations locales.

Pour ce faire, nous avons structuré un véritable service municipal de l'enfance, piloté par une direction générale, avec formation continue et moyens matériels et financiers adaptés.

Une école de musique municipale

L'enseignement musical est largement marginalisé dans notre pays. Relégué hors temps scolaire, il devient l'apanage d'une minorité issue des milieux favorisés. Face à la fermeture progressive des écoles de musique, nous avons pris le contrepied : dans un premier temps, nous avons augmenté la subvention de l'école associative locale de 2 000 € en 2008 à 32 000 € en 2023. Puis, à la demande de l'association et en partenariat avec les enseignants, nous avons engagé sa municipalisation.

À la rentrée 2024, l'école est devenue municipale. Grâce à une subvention intercommunale, nous avons pu concrétiser ce projet ambitieux. Désormais, notre objectif est d'étendre ses activités : tarification sociale et progressive, interventions dans les écoles en lien avec l'Éducation nationale, participation à la vie culturelle locale.

La restauration scolaire, un enjeu éducatif, alimentaire et écologique

Le droit à une alimentation de qualité est fondamental. Dès 2012, nous avons transformé la restauration scolaire en imposant une alimentation durable, issue des circuits courts biologiques et de l'agriculture raisonnée. Nos exigences dépassent de loin les obligations légales.

Le temps du repas est un moment précieux. Il doit être encadré par des agents formés, dans un climat de sérénité. Nous avons mis en place un dispositif pédagogique ludique autour du tri des biodéchets, avec un classement entre classes qui incite chacun à finir son assiette et à réduire le gaspillage.

La tarification est répartie sur 10 tranches, avec un repas à 0,50 € pour les familles les plus modestes (quotient familial < 1000), soit près de 20 % de la population. Globalement les familles ne couvrent que 50 % du prix de revient des repas. L'autre moitié est financée par les impôts à travers le budget communal.

Nous travaillons désormais à deux objectifs pour les années à venir : tendre vers la gratuité du repas et construire une cuisine municipale pour produire nous-mêmes nos repas, avec les mêmes critères de qualité, en partenariat avec les agriculteurs locaux.

La petite enfance, l'angle mort de la politique nationale

On a récemment assisté à une belle déclaration d'intention du gouvernement : ériger le service de la petite enfance en « service public de la petite enfance ». Sauf qu'une fois encore, cette annonce n'a été accompagnée d'aucun moyen supplémentaire. Résultat : les communes se retrouvent seules à devoir assumer un service pourtant essentiel, non seulement pour l'éducation et l'éveil des plus jeunes, mais aussi pour réduire les inégalités entre familles et favoriser l'égalité entre les hommes et les femmes.

Lorsque j'ai été élu maire, notre commune de 6000 habitants ne disposait que d'une crèche privée de 20 places. Dès le début de notre mandat, nous avons fait de ce sujet une priorité. Première décision : municipalisation de la structure existante. Deuxième décision : la construction d'une nouvelle crèche publique, moderne, intégrée dans une véritable Maison de l'enfance et de la famille, réunissant professionnels de santé, travailleurs sociaux, personnel municipal, réseau d'assistantes maternelles et ludothèque. Inauguré en juin 2012, ce service public regroupe désormais 44 berceaux auxquels s'ajoutent plusieurs micro-crèches associatives coordonnées par la commune.

Nous avons fait le choix politique de privilégier un accueil collectif accessible à toutes les familles grâce au dispositif PSU (prestation de service unique). Celui-ci permet une tarification proportionnelle aux revenus, garantissant une égalité réelle dans l'accès aux modes de garde. Sur le terrain, nous faisons face à une offensive sans précédent des groupes privés lucratifs, qui exploitent le désarroi de parents désespérément en quête de solutions. Face à cette logique de marchandisation, nous réaffirmons qu'il faut une ambition nationale pour la petite enfance, un accompagnement financier des communes, et une planification démocratique de l'offre d'accueil collectif.
L'accueil des tout-petits n'est pas seulement une question d'organisation familiale. Il est un vecteur d'égalité sociale,

un outil de dépistage précoce, un levier décisif pour l'emploi des jeunes parents, en particulier des femmes. À l'heure où les discours sur l'égalité des chances fleurissent, il est temps d'agir concrètement : la petite enfance doit enfin devenir une priorité nationale.

Place à la jeunesse !

Monsieur le Maire, vous avez fait de votre commune un paradis pour les enfants jusqu'à 12 ans. Très bien. Mais les problèmes commencent après.

Cette remarque, prononcée par une maman lors d'une réunion publique, résume à elle seule un enjeu majeur : celui du passage de l'enfance à l'adolescence, souvent marqué par un vide institutionnel et éducatif.

Au niveau de l'école primaire, l'articulation entre Éducation nationale, services municipaux et tissu associatif permet un travail cohérent au service des enfants. Mais cette coordination se délite à l'entrée au collège, surtout lorsqu'aucun établissement n'est implanté dans la commune, et que les jeunes sont dispersés dans plusieurs établissements extérieurs. Ce morcellement affaiblit le collectif.

Nous avons donc mis en place un service jeunesse spécifique : un espace jeunes avec des locaux dédiés, une équipe d'animateurs qualifiés et un financement pérenne. L'objectif : conjuguer une grande autonomie pour les jeunes et un cadre structurant pour favoriser leur émancipation. Des stages, des séjours de vacances, des ateliers leur sont proposés tout au long de l'année. Mais ce dispositif, aussi précieux soit-il, ne touche qu'une soixantaine de jeunes, soit à peine 10 % de la classe d'âge.

Nous avons donc renforcé notre soutien aux associations sportives et culturelles, qui encadrent la majorité des adolescents : club de handball, de football, de tambourin, de tennis, arts martiaux, mais aussi école de danse, de musique municipale, ateliers de théâtre... Toutes ces structures sont à la fois des lieux d'apprentissage, de sociabilité, et d'émancipation. Nous les soutenons prioritairement lorsqu'elles développent des projets à vocation éducative.
Mais pour aller plus loin, deux chantiers s'imposent :

Créer un collège de proximité, en lien avec les communes voisines, pour bâtir les mêmes partenariats que ceux que nous avons avec les écoles primaires.

Construire un QJ (Quartier Jeune) dans le cadre de l'aménagement d'un nouveau quartier : un lieu rassemblant espaces d'expression, d'activités artistiques, sportives et numériques, pour permettre aux jeunes de prendre leur place dans la cité.

Enfin, il nous faut affirmer **un principe fondamental : la confiance dans la jeunesse.** À rebours de la méfiance réactionnaire et des discours anxiogènes, nous croyons que l'adolescence est un moment de créativité, de rupture fertile, de volonté de changement. Il ne s'agit pas de *canaliser* ou de *surveiller*, mais de donner un cadre libre et dynamique à l'engagement des jeunes, seul moyen de prévenir les dérives et de valoriser leur immense potentiel. C'est cette philosophie qui guide notre action.

Chapitre 3.
Culture et sport pour toutes et tous

La culture pour tous, tous pour la culture

S'il est un domaine où les inégalités territoriales se manifestent de manière flagrante, c'est bien celui de la culture. Trop souvent, en périphérie des grandes métropoles, l'accès à une offre culturelle de qualité dépend exclusivement du volontarisme des équipes municipales.

Historiquement, faute de moyens ou de conviction, nos prédécesseurs considéraient que la culture était plutôt du ressort de la grande ville voisine qui disposait d'importants équipements culturels ; l'animation dans notre commune reposait pour l'essentiel sur la bonne volonté de quelques associations dévouées, mais démunies de moyens et d'espaces dédiés. Il pouvait en résulter à l'instar des communes, situées à la périphérie d'une grande ville et en forte extension démographique, le risque de devenir une cité-dortoir, ce que nous voulions à tout prix éviter.

Dès notre prise de fonction, nous avons voulu rompre avec cette logique et faire émerger une vraie politique culturelle de proximité, permettant à chacun d'accéder à une offre diversifiée... à moins d'un quart d'heure de chez soi.

Nous avons d'abord créé des événements culturels ambitieux, capables de rivaliser avec les grands rendez-vous de la métropole. C'est ainsi qu'est né le festival « Le piano dans tous ses éclats », devenu depuis « La musique dans tous ses éclats », désormais organisé en partenariat avec d'autres communes. En hiver, il attire un public nombreux et fidèle. De même, chaque début d'été, « L'instant jazz à Grabels », qui se tient dans le parc du château municipal, est devenu un événement de renommée nationale, rassemblant plusieurs milliers de personnes dans une ambiance conviviale et populaire. La gratuité y est largement privilégiée pour garantir l'accès au plus grand nombre.

Le théâtre est également mis à l'honneur. Un festival de théâtre amateur, organisé par une association locale reconnue, a permis l'implantation à Grabels du siège départemental de la Fédération du théâtre amateur. Par ailleurs, nous accueillons la Compagnie Internationale Alligator (CIA), spécialisée dans le théâtre de rue, qui fait désormais rayonner sa discipline depuis notre commune. Dans une logique de coopération métropolitaine, nous avons œuvré pour accueillir des représentations décentralisées des grands festivals montpelliérains : Le Printemps des Comédiens, Montpellier Danse, le Festival Radio France... autant d'initiatives qui irriguent nos territoires.

Mais une politique culturelle ne saurait se réduire à l'offre de spectacles. La culture ne doit pas être un simple divertissement pour oublier les malheurs du monde, elle doit être un levier d'émancipation, de création, d'éducation. C'est pourquoi nous avons rendu obligatoire l'accueil gratuit des classes des écoles lors des manifestations culturelles organisées en période scolaire. C'est ainsi que les enfants découvrent des instruments, des œuvres, des disciplines qui les fascinent, ils en parlent à leur famille et souvent reviennent avec elle.

Nous soutenons les associations qui initient à la peinture, la poterie, la sculpture, la musique, ou encore la danse. Une école de danse locale, très fréquentée par des jeunes filles, joue un rôle fondamental dans la construction de soi à l'adolescence, et rassemble plus de 1 000 personnes lors de son spectacle annuel ! Nous mettons gratuitement à disposition des salles spécifiques, apportons un soutien technique et financier pour valoriser les initiatives culturelles citoyennes.

La lecture, enfin, constitue un rempart contre l'appauvrissement de l'imaginaire dans un monde saturé d'images. Nous soutenons inconditionnellement la bibliothèque pour tous, installée dans des locaux municipaux, ouverte à tous et très active auprès des écoles. Grabels a aussi la chance d'avoir accueilli le poète surréaliste Joseph Delteil entre 1938 et 1978. Nous organisons régulièrement des événements littéraires pour faire vivre son œuvre, et avons acquis sa maison, « La Delteillerie », pour en faire un futur centre culturel.

Notre ambition est simple : faire en sorte que chaque habitant puisse s'approprier la culture, non comme un luxe, mais comme un droit. Non comme une consommation passive, mais comme une participation active à une humanité commune.

Le sport : un facteur d'éducation et de cohésion

Avec plus de 50 % de la population adhérant à un club ou une association sportive, le sport occupe une place essentielle dans la vie de notre commune. Bien plus qu'un spectacle, il est une pratique, un besoin, un vecteur d'éducation et de lien social.

La première mission municipale dans ce domaine est d'investir dans des infrastructures de qualité et de proximité. Ces équipements sont coûteux, mais indispensables. Nous avons réhabilité plusieurs équipements majeurs : un terrain de football synthétique écologique, un terrain de tambourin (sport patrimonial local), des courts de tennis, une salle d'arts martiaux, un gymnase accueillant de grands clubs régionaux, sans oublier un terrain de boules aux dimensions réglementaires (permettant d'accueillir des compétitions officielles)...

Mais nous n'oublions pas que le sport est aussi un levier éducatif. La concentration, la maîtrise de soi, l'entraide : autant de valeurs essentielles que nous transmettons en soutenant activement les clubs. Au-delà des activités périscolaires, nous avons innové en signant une convention avec l'Éducation nationale : nos éducateurs sportifs municipaux interviennent directement dans les cours d'éducation physique des écoles primaires, en appui des enseignants. Ce dispositif a permis de faire émerger des talents et de renforcer le lien entre école et clubs sportifs.

Nous organisons régulièrement des journées du sport scolaire, mais aussi des initiatives ouvertes à tous. Deux city-stades, des parcours de randonnée, et bientôt un nouvel espace multisports intergénérationnel conçu avec les habitants, garantissent un accès libre à la pratique pour tous les âges.

Enfin, à l'initiative de notre adjointe au sport, nous avons créé en 2008 un rendez-vous annuel emblématique : les défis sportifs de l'Avy (du nom d'un site naturel proche). Chaque dernier samedi de juin, plusieurs centaines d'habitants, sportifs aguerris ou débutants (moi compris !), se retrouvent en équipes pour une compétition ludique et conviviale, qui se clôture par une fête partagée. Cela favorise les rencontres entre disciplines, clubs et générations.

Nous tenons également à saluer l'organisation de la journée du sport et du handicap, qui sensibilise enfants et adultes aux réalités de l'handisport. Les élèves y participent activement, certains yeux bandés, d'autres en fauteuil : une expérience qui marque et forme les citoyens de demain.

Culture et sport ne sont pas des à-côtés dans la politique municipale : ce sont des piliers de l'émancipation humaine et de la cohésion sociale. C'est pourquoi nous continuerons d'y investir, de les démocratiser, de les défendre.

Chapitre 4.
Du choc climatique à la rupture écologique

Dans la soirée du 6 octobre 2014, le ciel nous est tombé sur la tête. Vers 20h, la société Prédict, filiale de Météo-France, me signale la survenue imminente d'un épisode orageux. Aucune alerte particulière n'émane alors de la préfecture. Mais une heure plus tard, la pluie s'intensifie brutalement. Je me rends à pied à la mairie, transformée en quartier général de crise, et invite mes adjoints à m'y rejoindre. Mon parapluie explose sous la violence de l'orage. Dans les rues déjà inondées, je progresse difficilement pour atteindre les locaux municipaux.

Très vite, les retours du terrain sont alarmants : montée rapide des eaux, cris de détresse, habitants réfugiés dans les arbres, d'autres appelant à l'aide depuis leur étage alors que leur rez-de-chaussée est submergé. J'essaie de joindre la cellule de crise de la préfecture, en vain : un répondeur m'invite à rappeler... le lendemain matin. Je me tourne alors vers la conférence téléphonique de Prédict, où le capitaine des pompiers confirme la gravité du phénomène, stationnaire au-dessus de Grabels. Nous décidons d'envoyer des hélicoptères pour évacuer les personnes en situation de danger immédiat.

J'active immédiatement le système d'alerte téléphonique que j'avais mis en place dès le début de mon mandat, six ans plus tôt. En une seule communication, j'informe près de 4000 habitants : *Madame, Monsieur, ici le maire de Grabels. Un épisode orageux d'une extrême violence est en cours. Ne sortez sous aucun prétexte. Montez à l'étage. Ne tentez pas de déplacer vos véhicules. Prévenez vos proches. Une salle d'accueil est ouverte dans la salle polyvalente. Soyez extrêmement vigilants.*

En quatre heures, près de 300 mm d'eau s'abattent sur le centre-ville, traversée par la Mosson et ses affluents. À une heure du matin, la pluie cesse et la décrue commence. Le bilan est terrible : 192 logements inondés dans leurs pièces de vie, plus de 500 autres sinistrés, voitures emportées, routes éventrées, ponts endommagés, clôtures effondrées. À l'aube, les rues de Grabels ressemblent à un champ de ruines.

Dans la salle polyvalente, ouverte dès la nuit, nous accueillons les sinistrés. Certains arrivent en pyjama, tétanisés, ayant tout perdu. Grâce au dispositif d'alerte et à l'intervention des pompiers, aucun décès n'est à déplorer. Durant une semaine, cette salle devient un lieu de solidarité et de survie pour 300 personnes, soutenues par un formidable élan d'entraide des habitants et des communes voisines.

Comprendre la nature du choc climatique

Grabels, comme toute notre région, est habituée aux épisodes cévenols. Chaque automne, des orages issus du plateau marin du Golfe du Lion balayent nos territoires avant de se diriger vers les Cévennes. Mais ce à quoi nous avons été confrontés en 2014 relève d'un autre phénomène : ce que les climatologues nomment désormais les nouveaux épisodes méditerranéens. Il ne s'agit plus de simples balayages orageux, mais de cellules orageuses stationnaires, parfois tornadiques, qui s'abattent localement avec une intensité exceptionnelle.

Le pourtour méditerranéen est devenu un épicentre de ces phénomènes, conséquence directe du réchauffement climatique. Ce qui s'est passé à Grabels s'est produit ailleurs : dans les Alpes maritimes , dans l'Aude , à Valence en Espagne, au Maghreb, en Libye... Nos territoires ne sont pas armés pour faire face à cette nouvelle donne climatique.

Pour l'action publique la télé-alerte : un des outils indispensables

En 2014, Grabels était la seule commune de la métropole de Montpellier à être abonnée au système de télé-alerte. Il l'a été par la suite par la métropole. Cet outil, financé par nos fonds propres, nous a permis d'agir vite. Il devrait être un service public gratuit, intégré au fonctionnement des communes via les Plans Communaux de Sauvegarde (PCS).

Ce type de dispositif doit devenir la norme. L'échelon communal est le plus pertinent pour toucher rapidement tous les habitants. Mais au-delà des outils, c'est une véritable culture du risque qu'il faut instaurer. Cela implique :

- La mobilisation citoyenne,
- La formation des habitants,
- La création de réserves communales de sécurité civile.

À Grabels, cette réserve compte aujourd'hui près d'une centaine de volontaires. Elle a été mobilisée lors des inondations, des feux de forêt, et même lors de recherches de personnes disparues. À plusieurs reprises, son intervention s'est révélée déterminante.

Aménager pour se protéger, sans trahir la nature

Face à un tel choc, nous avons lancé dès le lendemain un programme ambitieux de travaux de protection :

- Le grand bassin de rétention élargi de 25 000 m^3 à 160 000 m^3.
- La reconstruction de deux ponts.
- Trois maisons situées en zone inondable à fort risque ont été achetées et détruites avec l'aide de fonds publics.

Ces travaux, intégrés dans un Programme d'Actions de Prévention des Inondations (PAPI), ont mobilisé 4 millions d'euros d'investissement pour les deux communes touchées.

Mais notre logique n'a jamais été de canaliser l'eau pour la rejeter en aval. Au contraire : nous avons choisi de laisser la rivière s'étendre dans des zones naturelles non urbanisées. Cela permet non seulement de contenir les crues, mais aussi de recharger les nappes phréatiques, un enjeu majeur pour l'avenir.

Changer notre manière d'habiter

La leçon la plus profonde de cette catastrophe, c'est celle de notre rapport au territoire. Le modèle d'urbanisation extensif de la métropole montpelliéraine en vigueur entre les années 1970 et 2000 a saturé les sols et aggravé le ruissellement. Parmi les 192 logements inondés, seule la moitié l'a été par la crue des rivières. L'autre moitié a été submergée par des coulées d'eau issues du ruissellement urbain, parfois à plusieurs centaines de mètres des cours d'eau.

C'est pourquoi la lutte contre les inondations ne peut se réduire à des travaux d'aménagement des cours d'eau, elle exige une révolution dans la conception et les règles de l'urbanisme :

- Intégration d'un schéma directeur hydraulique aux documents d'urbanisme,
- Interdiction des garages en sous-sol dans les zones à risque,
- Augmentation des surfaces végétalisées et perméables,
- Aménagement des voiries pour favoriser les fossés naturels plutôt que les buses souterraines,
- Réduction de l'emprise au sol des constructions,
- Augmentation obligatoire des surfaces de pleine terre.

Ce travail, amorcé dès octobre 2014, n'a abouti qu'en 2025 avec l'adoption de notre nouveau Plan local d'urbanisme intercommunal. Pendant dix ans, il a fallu batailler projet par projet, imposer ces règles aux promoteurs, souvent contre leurs habitudes ou leurs marges.

La nuit du 6 octobre 2014 a été un électrochoc. Mais à Grabels, elle a éveillé une conscience collective. Loin de céder au fatalisme, habitants et élus ont transformé cette épreuve en une exigence de rupture écologique. Le dérèglement climatique n'est pas une menace lointaine : il est là, tangible, quotidien. Il appelle une action immédiate, fondée sur la solidarité, la résilience et la transformation radicale de nos manières de vivre, de bâtir, d'habiter.

Chapitre 5.
Pour une planification écologique locale

Depuis les élections régionales de 2010, je défends publiquement la nécessité d'une planification écologique à tous les niveaux de la République. Il ne s'agit pas d'un gadget technocratique, mais d'une réponse politique organisée à l'urgence climatique. Longtemps moquée, présentée à l'époque comme une lubie bureaucratique, « voire soviétique »par les dominants d'alors pour qui il fallait faire confiance aux mécanismes du marché. Mais la planification est une idée qui a fini par faire son chemin.

Jean-Luc Mélenchon en a fait un axe central de ses campagnes présidentielles, comme certains cercles écologistes. La brutalité des effets du dérèglement climatique a accéléré la prise de conscience. Au point qu'en 2022, la proposition de planification écologique a été reprise, y compris par Emmanuel Macron entre les deux tours ! La Convention citoyenne pour le climat a dessiné les contours d'un tel programme, et les enquêtes d'opinion montrent qu'il est aujourd'hui majoritairement soutenu par la population.

Mais force est de constater que ce programme de bifurcation écologique reste largement lettre morte. Pire : une pression réactionnaire croissante cherche à détricoter les maigres avancées obtenues.

Dans ce contexte, il revient aux communes d'organiser la résistance. Il faut déployer, à l'échelle locale, de véritables plans de bifurcation écologique. S'appuyer sur les documents obligatoires comme les Plans Climat-Air-Énergie Territorial (PCAET) peut être utile, à condition de ne pas se contenter de textes généraux et non contraignants. Pour cela deux conditions s'imposent :

- **Que chaque étape du plan local écologique soit assortie de mesures concrètes, obligatoires, datées année par année, et adossées à un financement pérenne.** Cela suppose que nos élus dans les intercommunalités s'engagent à faire de chaque vote budgétaire un moment d'évaluation de l'avancement réel du plan.

- **Que chaque commune élabore son propre plan d'action climatique.** À Grabels, nous l'avons fait. Ce plan a été construit de manière démocratique avec le Conseil citoyen de la transition écologique (CCTE), et adopté à l'unanimité en 2023. Chaque année, nous évaluons les réalisations prévues.

Voici les principaux volets de ce plan communal :

1. **Réaliser un atlas de la biodiversité communale (ABC)**

Lancé en 2021, ce travail a mobilisé citoyens, associations naturalistes et enfants des écoles. Ce fut une véritable aventure collective, enthousiasmante. En 2023, Grabels est devenue la première commune de la métropole à adopter un ABC. Il recense les richesses animales, végétales, aquatiques de notre territoire, il implique contient des mesures concrètes de protection. Surtout, il implique et contientd'avoir intégré une grande partie de ces dispositions dans le PLUi adopté en juillet 2025.

2. **Sanctuariser les espaces naturels et agricoles**
Sur les 16 km² de notre commune, seuls 4 km² sont urbanisés. Nous avons décidé de geler l'urbanisation sur les 12 km² restants. Certaines zones prévues à l'urbanisation ont même été rendues à la nature, malgré l'opposition des intérêts fonciers privés. Ensuite, nous avons fait revivre ces espaces : installation d'agriculteurs, pédagogie en lien avec les écoles, projet d'association foncière agricole pour aménager collectivement les terrains.

Les espaces naturels, souvent privés, sont aussi aménagés : conventions avec les propriétaires, soutien de l'État pour leur entretien, lutte contre les incendies, réhabilitation écologique de nos rivières... Nous avons privilégié des aménagements qui, respectueux de la nature, permettent au lit de la rivière de jouer son rôle écologique.

3. **Réintroduire la nature en ville**
Nous avons développé des îlots de fraîcheur :

- végétalisation de la place de la Maison commune,
- transformation de la place publique du quartier de la Valsière,
- création de **cours oasis** dans les écoles, plébiscitées par les enfants.

4. **Économiser l'eau**

Nous verrons dans le chapitre suivant notre rôle moteur dans la création de la régie publique métropolitaine de l'eau . À l'échelle communale, nous avons :

- supprimé depuis 2010 l'usage des produits phytosanitaires dans les espaces verts,
- fait le choix de plantes adaptées au climat méditerranéen,
- instauré un plan d'économie d'eau dans chaque bâtiment municipal, et dans les écoles avec la participation des enfants.

Grabels est aujourd'hui la commune la plus économe en eau de la métropole. Notre mesure phare : remplacer un terrain de football en pelouse par un terrain synthétique écologique, réduisant considérablement la consommation d'eau.

5. **Engager la rénovation thermique des bâtiments**

Les constructions des années 1970 à 2000 sont de véritables passoires thermiques. S'impose dès lors un plan massif de rénovation. À Grabels, confrontés au déficit d'équipements nous avons d'abord dû rattraper ce retard en construisant des bâtiments neufs : mairie, crèche, école, places publiques... conçus selon des standards durables.

Mais notre plus belle réalisation reste la rénovation complète de notre école élémentaire comme vu plus haut dans le chapitre 2. Cette rénovation a été labellisée comme l'une des plus exemplaires du pays.
cf. https://www.ville-grabels.fr/17642-ecole-elementaire-j.-delteil.htm

6. **Vers une régie publique de l'énergie**
Chaque commune doit se poser la question de son autonomie énergétique. À l'échelle locale, quatre leviers :

- **sobriété énergétique** juste,
- **centrales solaires** sur toitures ou zones déjà imperméabilisées,
- **éolien raisonné**, dans le respect du paysage et de la biodiversité,
- **géothermie**, ressource encore trop peu exploitée.

Pour organiser tout cela, je propose depuis des années la création d'une **régie publique locale de l'énergie,** sur le modèle de celle de l'eau. Une métropole comme Montpellier a tout à fait les moyens d'en porter l'ambition.

Chapitre 6.
Bien commun et régie publique de l'eau

Notre action politique contemporaine se concentre sur les exigences de réduction des inégalités, de justice sociale et de bifurcation écologique. Au cœur de cette démarche se trouve l'appropriation collective des biens communs. Cela implique de définir ces biens en y associant les citoyens : droit à l'éducation, à un air respirable, à une eau potable et à l'assainissement, à une alimentation de qualité, à une mobilité décarbonée, à la santé, au logement... Ces droits fondamentaux, reconnus dans des textes fondateurs, nécessitent une appropriation et un contrôle citoyens via les pouvoirs publics choisis démocratiquement.
Voici quelques enseignements tirés de l'expérience de la régie publique de l'eau et de l'assainissement de Montpellier, qui a fêté en 2025 son 10e anniversaire.

Qu'est-ce qu'une régie publique de l'eau ?

Grâce à un mouvement initié à Grenoble dans les années 1990, de nombreuses collectivités ont opté pour une gestion publique de l'eau, dont la ville de Paris en 2010, rompant avec les délégations de service public confiées à des multinationales comme Veolia ou Suez. À Montpellier, cette transition a débuté en 2014, suivie depuis 2020 par des grandes villes comme Bordeaux et Lyon. Aujourd'hui, environ 20 millions d'habitants en France bénéficient d'une gestion publique.

Depuis une loi de 1926 portée par Raymond Poincaré, il est interdit de gérer directement par un service municipal le réseau de distribution d'eau potable. Seules les collectivités qui le faisaient avant cette date ont pu continuer à le faire. Désormais, pour revenir en régie publique, il faut fonder un établissement public industriel et commercial (EPIC), qui peut être créé par les intercommunalités, lesquelles définissent le cadre et les missions.

C'est donc toujours le suffrage universel qui détermine l'orientation politique, mais celle-ci est mise en œuvre par un établissement public autonome qui doit avoir une gestion financière propre. La législation précise bien que la seule source de financement d'une régie est constituée par les factures payées par les abonnés.

Ainsi, une régie publique ne peut pas bénéficier de financement par l'impôt venant de la collectivité. En contrepartie, la collectivité ne peut pas se saisir des excédents budgétaires de la régie, qui doivent être intégralement réinvestis dans le domaine de l'eau. Il s'agit du fameux principe : « l'eau paye l'eau ».

Deux types de régies existent :
1. Régie publique avec simple autonomie financière.
2. Régie publique avec personnalité morale, qui offre plus de souplesse et permet une gouvernance partagée.

Nous avons fait le choix d'une régie publique avec personnalité morale. Outre que cela donne plus de souplesse et de réactivité à l'action de cet établissement, la raison principale qui nous a guidés tient à la gouvernance d'une telle institution. Dans le cas d'une régie à personnalité morale, le conseil municipal ou intercommunal est responsable de la définition des orientations stratégiques qui guideront l'action de la régie, mais celle-ci est gouvernée par un conseil d'administration.

Le conseil d'administration d'une régie est composé de deux collèges : d'une part, un collège d'élus municipaux désignés par leur assemblée délibérante, qui doit constituer la majorité du conseil d'administration comme l'impose la loi ; mais d'autre part – et c'est l'aspect le plus intéressant –, un autre collège représentant la société civile.

Dans le cas de Montpellier, ce deuxième collège inclut la représentation de quatre associations environnementales ayant mené de nombreux combats pour la préservation de la ressource en eau et sa gestion publique, ou d'associations représentatives des consommateurs. Mais il inclut aussi des personnalités qualifiées issues du monde de la recherche et de l'université, très en pointe sur les questions de l'eau dans notre territoire. Enfin, notons la présence avec voix délibérative – ce qui est rare en France – de représentants élus par le personnel de la régie, qui participent ainsi directement aux décisions de gestion collective. La régie publique avec personnalité morale est donc une des pierres angulaires de la démocratie de l'eau, qu'il faut bâtir avec tous les citoyens pour qu'ils s'approprient ce bien commun.

Les atouts de la régie publique

La principale différence entre la gestion privée et la gestion publique de l'eau réside dans le fait que la première est naturellement guidée par la recherche du profit, ce qui n'est pas le cas de la seconde. Une entreprise privée gérant l'eau a intérêt à vendre davantage d'eau pour augmenter son chiffre d'affaires, et ainsi maximiser ses profits afin de satisfaire ses actionnaires. Cette logique, inhérente au secteur privé, a souvent conduit à une surexploitation de la ressource en eau.

Or, avec le changement climatique, nous savons désormais que cette ressource tendra à diminuer structurellement, ce qui impose de s'orienter vers une gestion plus sobre. Si le régime privé perdurait, la raréfaction de l'eau (diminution de l'offre) combinée à une augmentation de la demande (croissance démographique et besoins accrus) conduirait inévitablement à une hausse des prix. Pourtant, l'eau, bien fondamental et indispensable à la vie, doit rester accessible à tous.

La régie publique, au contraire, est bien plus soucieuse de la préservation de la ressource. Elle privilégie les actions qui y contribuent, ce qui en fait un modèle plus efficace d'un point de vue écologique.

À cet argument écologique, s'ajoute un argument de justice sociale. Par exemple, la régie publique de Montpellier a instauré, à partir du 1er janvier 2023, une nouvelle tarification de l'eau. Cette tarification garantit la gratuité des 15 premiers mètres cubes, considérés comme indispensables à la survie. Ensuite, un prix progressif est appliqué, augmentant avec la consommation pour inciter à des comportements plus économes.

La première année d'application de cette tarification a montré que les augmentations tarifaires ont principalement touché les abonnés aux pratiques les plus gaspilleuses, comme le remplissage des piscines, tandis que 75 % des abonnés ont vu leur facture baisser. Cette mesure a également permis une réduction de la consommation d'eau de 3,8 %, alors même que la population augmentait de 2 %.

En parallèle, la régie a déployé des actions pour sensibiliser les citoyens, leur faisant comprendre que la régie publique est leur propriété collective. En outre, des aides sont désormais versées aux foyers modestes selon leur quotient familial, rendant l'eau encore plus accessible. Enfin, des fontaines publiques gratuites ont été installées pour garantir un accès universel à l'eau, notamment pour les randonneurs ou les sans-abri.

Sur le plan économique, la régie publique est également plus performante que le privé. Elle ne verse pas de dividendes, réinvestit intégralement ses excédents, ne paie pas d'impôt sur les sociétés et n'a pas de frais de siège ou de filiales. Par conséquent, malgré une baisse légère du prix de l'eau, l'excédent budgétaire de la régie a constamment augmenté, permettant des investissements massifs.

Depuis 2016, la régie investit en moyenne plus de 20 millions d'euros par an, atteignant 28 millions en 2023, tout en maintenant un faible niveau d'endettement. Ces investissements ont notamment permis d'améliorer le rendement des réseaux, passé de 79 % à 87 %, et de sécuriser l'approvisionnement en construisant une nouvelle usine, évitant ainsi les crises comme celles des Pyrénées-Orientales.

Ces résultats démontrent que l'efficacité économique du privé, souvent vantée par les libéraux, n'est pas fondée.

L'enjeu écologique, sanitaire et sociale de l'assainissement.

Nous avons gagné la bataille de l'opinion concernant l'eau potable car tout indique que nos concitoyens ont désormais très majoritairement pris conscience du caractère vital de la raréfaction de cette ressource dans le contexte du changement climatique et de la nécessité d'en maîtriser l'usage. Par contre il n'en va pas de même du traitement des eaux usées qui fait partie du même service public. Il m'arrive souvent d'interroger tel ou tel en lui disant : « quand chez toi tu tires ta chasse d'eau est-ce que tu sais où ça va ? » Et s'il me répond : « dans les égouts », je lui demande : « et les égouts ils vont où ? » Dans 90 % des cas, c'est silence radio, comme si on s'en moquait.

L'eau est un entrant que nous incorporons au sens littéral du mot ; nous sommes par là-même très sensibles à sa qualité et à sa disponibilité. Par contre les eaux usées constituent un sortant dont on ne se soucie guère. Ce sortant constitue pourtant la moitié de notre facture d'eau potable puisque ce sont les usagers qui financent le traitement des eaux usées. D'où la nécessité de faire de l'assainissement, de la conduite et du traitement final des eaux usées, une question citoyenne partagée. D'autant qu'un mauvais traitement des eaux usées contribue très vite à dégrader l'environnement et à polluer les nappes phréatiques dans lesquels nous puisons notre eau potable.

C'est donc aussi un enjeu sanitaire de premier plan pour éviter maladies, épidémies ; on a ainsi constaté au moment du covid 19 que les transmissions du virus variaient dans les pays selon le bon ou mauvais traitement des eaux usées. Dans les droits sociaux fondamentaux le droit à un assainissement collectif de qualité est aussi fondamental que le droit à l'eau. Raison qui a pesé aussi pour que la gestion de l'assainissement ne soit plus confiée aux multinationales mais intègre la Régie publique des eaux de Montpellier et couvre ainsi les 31 communes concernées.

Cette intégration, acquise au 1er janvier 2023, contribua à créer une seule et même régie pour l'eau et les eaux usées. Dans ce domaine des eaux usées comme dans celui de l'eau cela nous a permis d'engager des investissements d'ampleur pour en agrandir et moderniser la plus grande station d'épuration de la métropole, avec un budget de 170 millions d'euros, sans dégrader en aucune manière les finances fort saines de la Régie.

Après les premiers traitements, qui permettent d'enlever une partie de la pollution, la station d'épuration se divise en deux filières : d'une part celle de l'eau qui va être épurée et dont une part importante est rejetée par un émissaire à 10 km en mer et dont une autre partie devient réutilisable pour les arrosages d'espaces verts, le rafraîchissement de la ville et son nettoyage, certains usages agricoles – contribuant ainsi à diminuer la pression sur la ressource en eau ; d'autre part la filière boue qui, complètement séchée, a servi jusqu'à ce jour à des compostages devenus de plus en plus remis en cause par la réglementation mais qui pourra être destinée à une chaudière (avec filtration exemplaire des fumées) pour chauffer des milliers de logements et produire du gaz vert - créant ainsi une véritable économie circulaire et diminuant l'usage des énergies fossiles.

Pour la nationalisation de l'eau

La montée en puissance des régies publiques est encourageante, mais insuffisante. Les petites communes et intercommunalités, notamment rurales, souffrent d'un linéaire de réseau par habitant trop élevé pour financer efficacement la gestion de l'eau. Certes, les Agences de l'eau, financées par des redevances, jouent un rôle solidaire en soutenant ces collectivités. Cependant, leur aide reste insuffisante face à l'ampleur des besoins. De plus, l'État a parfois ponctionné leurs budgets, comme sous les gouvernements d'Emmanuel Macron.

Par ailleurs, des inégalités persistent entre les territoires gérés en régie publique et ceux sous gestion privée, entraînant des disparités dans l'accès à une ressource pourtant essentielle. C'est pourquoi je milite pour une grande loi de nationalisation de l'eau. Cette loi viserait à exproprier les multinationales, en leur interdisant l'accès à l'exploitation et à la distribution d'eau potable, et à instaurer des systèmes publics et démocratiques dans chaque bassin versant. Ce qui a été accompli localement pour 20 millions d'habitants doit désormais être généralisé à toute la République.

Chapitre 7.
Le défi de la gestion des déchets

En 2023, confrontée à une véritable catastrophe écologique dans sa gestion des déchets, la métropole de Montpellier a été secouée par une crise majeure. Cette situation n'est pas née du hasard : elle résulte de décennies d'erreurs et de manquements. Alors même que la collectivité affichait publiquement une ambitieuse stratégie « zéro déchet », elle produisait toujours plus de déchets, qu'elle exportait toujours plus loin pour être enfouis ou incinérés. Cette fuite en avant entraînait une dérive financière mettant en danger l'ensemble de la gestion métropolitaine.

Au lieu de prendre leurs responsabilités, beaucoup préféraient regarder leurs chaussures en pensant aux prochaines élections. J'ai pour ma part accepté de relever ce défi et de m'engager dans la définition et la mise en œuvre d'une véritable politique écologique des déchets produits par les 500 000 habitants de notre Métropole. Pour être à la fois efficaces et comprises de toutes et tous nos actions doivent être déterminées, cohérentes, et s'inscrire dans un horizon partagé. Je me contenterai ici d'en tracer le cadre global.

Un produit du capitalisme productiviste contemporain

Le capitalisme productiviste du XXe siècle constitue un système prédateur de la nature qu'il faut nommer clairement. Pour répondre aux exigences de rentabilité et aux profits du capital financier, la production de masse mondialisée extrait toujours plus de ressources naturelles, bien au-delà de leur capacité de renouvellement. En amont, cela provoque l'épuisement des ressources, comme nous l'avons constaté avec l'eau. Mais en aval, ce système génère une masse toujours croissante de déchets qui dénature la planète jusqu'à former ce sixième continent de plastique qui flotte dans nos océans.

Les collectivités locales portent aujourd'hui la lourde responsabilité de gérer cette masse grandissante et ne disposent pour cela que d'un seul outil : la taxe d'enlèvement des ordures ménagères (TOM). Cette taxe supportée par les ménages est particulièrement injuste et pèse sur leur pouvoir d'achat. La politique publique des déchets, à l'échelle nationale et européenne, devrait en premier lieu reposer sur des mécanismes juridiques et financiers pour empêcher à la source une production massive de déchets et concourir à transformer le système productif.

À notre échelle locale, nous n'avons pas renoncé à agir aussi à l'échelle globale. En août 2025, notre collectivité s'est associée à la négociation mondiale pour la réduction de la production de plastique. Ce processus n'a pas abouti, bloqué par les producteurs de pétrole et les États-Unis, mais le combat continue tout en mettant en place avec détermination une stratégie locale. Notre politique « zéro déchet » repose sur quatre axes.

1. Réduire

Le meilleur déchet est celui qu'on ne produit pas. Cela commence dans chaque foyer, chaque entreprise, chaque administration, par la lutte contre le gaspillage. À titre d'exemple, dans les écoles de ma ville, grâce à un travail commun avec les équipes éducatives, les familles et les enfants souvent enthousiastes, nous avons drastiquement réduit les déchets alimentaires.
Et, depuis dix ans déjà, les biodéchets sont récupérés pour être valorisés.

La multiplication des composteurs individuels, collectifs (en résidence, en quartier, en entreprise) s'inscrit dans la même dynamique et doit être planifiée pour se généraliser. Mais il faut aussi agir sur les plus gros producteurs de déchets : la grande distribution. Nous devons lui imposer de réduire ses emballages, de favoriser le vrac, de mettre en place des points de collecte où les consommateurs déposent leurs emballages, afin qu'ils soient ensuite pris en charge par les enseignes elles-mêmes. La suppression des bouteilles d'eau en plastique dans les services publics et l'élimination des plastiques à usage unique vont également dans ce sens.

Ici comme ailleurs, la planification écologique doit fixer des objectifs annuels contraignants.

2. Réemploi

Avant de jeter un objet, une question simple doit s'imposer : peut-il avoir une seconde vie ? peut-il être réparé ? Ce changement de mentalité est fondamental : le réemploi doit précéder non seulement le déchet, mais aussi le recyclage.

Meubles, électroménagers, vêtements arrivant en déchetterie doivent être systématiquement orientés vers le réemploi. La généralisation de « ressourceries » à l'entrée de chaque déchetterie participe de cette transformation culturelle des comportements. Dans notre région viticole, nous soutenons une entreprise de l'économie sociale et solidaire qui récupère les bouteilles consignées pour les remettre en circulation auprès des producteurs.

Les éco-organismes, financés par l'écotaxe incluse dans le prix de chaque produit neuf, doivent être réformés. Aujourd'hui, ces fonds servent surtout au recyclage et sont gérés par les industriels. Nous militons pour qu'une part bien plus importante aille au réemploi et que la gouvernance soit partagée avec les collectivités et les citoyens.

3. Recycler

Lorsqu'un produit ne peut plus être réutilisé, il doit entrer dans un circuit de valorisation des matières premières : papier, carton, fer, plastique, bois, aluminium, textile, etc. Or une masse considérable échappe encore au recyclage et finit en incinération ou en décharge.

La généralisation de la poubelle jaune depuis une quarantaine d'années constitue une avancée, à condition que son traitement soit réellement efficace. Un point essentiel concerne les déchets du bâtiment et des travaux publics : ils représentent 70 % des déchets produits. Pourtant, leur recyclage reste très limité, car les matériaux neufs extraits des carrières sont bien moins chers que ceux issus du recyclage. Il est donc urgent d'imposer l'usage de matériaux recyclés dans toute commande publique, ce que les collectivités peuvent parfaitement mettre en place.

4. Valoriser

Enfin, le déchet ultime doit devenir une ressource énergétique. Contrairement à une idée naïve, « zéro déchet » ne signifie pas absence totale de déchets ultimes : même les meilleures politiques aboutissent toujours à une base résiduelle.

Dès lors, il faut bannir progressivement les décharges et l'enfouissement, qui polluent sols et nappes phréatiques, tout en coûtant une fortune en transports, prestataires et taxes. Deux filières vertueuses existent et doivent être développées :

- **La méthanisation**, qui permet de produire du biogaz en collectant séparément les biodéchets. Elle fournit à la fois une énergie renouvelable et un compost de qualité pour l'agriculture, alors que le compost issu des ordures résiduelles ou des boues d'épuration doit désormais être limité par la réglementation.
- **L'incinération nouvelle génération**, trop souvent diabolisée. Les innovations technologiques permettent

désormais d'extraire en amont tout ce qui est recyclable, puis de transformer le reste en combustibles solides de récupération. Les chaudières de nouvelle génération filtrent l'air à un niveau de protection bien supérieur à ce que produisent nos routes, et elles peuvent alimenter des réseaux de chaleur ou de froid, tout en produisant de l'électricité.

La gestion des déchets peut et doit devenir un pilier exemplaire de l'économie circulaire et de la planification écologique locale. Elle constitue une rupture nécessaire avec le capitalisme productiviste prédateur. Dans les réseaux qui organisent notre vie commune : eau, énergie, transports, déchets (leur collecte, traitement et valorisation) sont encore trop souvent négligés..

Or, à l'échelle locale comme à l'échelle nationale, ils doivent être reconnus comme l'un des leviers essentiels d'un véritable changement de paradigme écologique.

Chapitre 8.
De l'espace public à la maison commune

Dans son extension, le capitalisme contemporain n'a eu de cesse d'élargir son champ d'accumulation, privatisant toujours davantage les usages de nouveaux espaces, réduisant par là-même la part des biens communs. Les espaces publics n'ont pas échappé à la logique de la privatisation : de vastes zones commerciales encerclent et pénètrent les villes, exclusivement orientées vers la valorisation marchande.

Les espaces de loisirs et les équipements sportifs deviennent progressivement des lieux privatisés et payants, reléguant les terrains communaux de proximité au second plan. Plus profondément encore, la seconde moitié du XXe siècle a vu l'aménagement urbain et les infrastructures de transport sacrifier l'espace collectif à un symbole majeur de la propriété privée : l'automobile, la pointe avancée de la privatisation de l'espace public et de l'individualisme.

Reconquérir l'espace public au service des habitants.

Notre commune, située dans la première couronne de la ville centre (Montpellier), avait depuis les années 1980 largement amorcé sa mue, sans disposer de lieux de rassemblement à la hauteur de son développement démographique. Mon premier mandat a été précédé d'une mobilisation pour la préservation d'un espace public ; le seul emplacement municipal encore disponible près du cœur du village était destiné par l'équipe municipale sortante à un projet détaché de toute vision urbanistique. Ce terrain, idéalement situé, est devenu la grande place publique qui lui faisait défaut (voir ci-dessous).

Reconquérir et aménager l'espace public au service des habitants fut, dès les débuts de notre action municipale, un des axes majeurs de notre projet : faire vivre les espaces publics, valoriser des lieux symboliques et les mettre au service de la population, favoriser et sécuriser les déplacements avec une priorité aux mobilités douces en milieu urbain.

L'impérieuse nécessité de places publiques

On ne peut faire ville sans créer des opportunités d'interactions sociales, de rassemblements, de rencontres, de partage. Or notre commune présente une configuration originale : deux entités urbaines cohérentes, espacées de trois kilomètres par des espaces naturels et agricoles exempts de toute urbanisation. D'un côté, le bourg centre historique ; de l'autre, le quartier de la Valsière, tourné vers la ville de Montpellier. Chaque entité concentre désormais environ la moitié de la population.

Ces deux centres manquaient cruellement de véritables places publiques.

La place Jean Jaurès

Commençons par le bourg centre. Comme beaucoup de villages languedociens, le cœur médiéval s'est maintenu, sans jamais bénéficier, comme d'autres villes, des aménagements classiques des XVIIe et XVIIIe siècles, avec la création de vastes places publiques à l'époque des guerres de Religion. Le centre ancien, restreint autour de la vieille mairie et de l'église, ne permettait pas d'accueillir convenablement les manifestations associatives ou les fêtes collectives. Résultat : la vie sociale locale déclinait, et les habitants se tournaient vers Montpellier pour accéder aux activités culturelles ou festives.

Pour remédier à cela, nous avons déplacé le centre de gravité de la commune à la lisière des anciens faubourgs viticoles, en créant une nouvelle place, la place Jean-Jaurès, sur le site de l'ancienne cave coopérative. Le nom rend hommage à celui qui soutint avec ardeur le mouvement coopératif viticole au début du XXe siècle. Ce nouveau lieu de vie a été immédiatement investi par la population, notamment grâce à la création, dès 2008, du premier marché de circuits courts de l'Hérault, devenu un modèle dans la région.

Nous y avons installé un nouvel équipement municipal : non pas une simple mairie, mais une véritable maison commune, selon la terminologie de la Révolution française. Elle regroupe tous les services municipaux (état civil, urbanisme, affaires scolaires, sport, culture, ressources humaines, communication, finances...), les permanences des élu·es, un centre socioculturel, le CCAS (centre communal d'action sociale) et son épicerie solidaire, de nombreuses salles à destination des associations. Contrairement à un « hôtel de ville », fermé le soir et le week-end, la maison commune reste un lieu vivant en journée et soirée.

Autour de la place, nous avons également installé une aire de jeux, un centre d'escalade dynamique dans l'ancienne cave, un restaurant avec terrasse, un boulodrome et son foyer. Pour autant, le centre historique n'a pas été délaissé : les anciens bâtiments de l'ancienne mairie accueillent désormais un gîte communal pour les randonneurs sur le chemin de Saint-Jacques de Compostelle, une belle et dynamique « bibliothèque pour tous », des salles associatives, un vestiaire « La Dentellière. »

Enfin, une ancienne grange communale est en cours de transformation en salle de spectacle de 130 places, destinée à accroître la vitalité culturelle du centre et à donner un nouvel élan au festival de théâtre amateur. La revitalisation du centre ancien a entraîné un essor sans précédent de la vie associative, rompant avec la logique de ville-dortoir.

Faire quartier à la Valsière

Dans le quartier de la Valsière, le défi était différent. En 2008, ce quartier comptait déjà 2 400 habitants, mais ne disposait que d'un petit supermarché et d'une pharmacie. Une large voie routière traversait le quartier, sans aménagements pour ralentir le trafic. Ce quartier fonctionnait comme un espace de transit automobile et de logements résidentiels où les habitants restaient peu,

faute d'équipements et d'espaces de rencontres.
Nous avons engagé une stratégie cohérente, déployée sur quinze ans. D'abord par la construction d'équipements publics : une crèche de 44 berceaux intégrée à un ensemble de logements de qualité, dont une quarantaine de logements sociaux ; une mairie annexe « Frida Kahlo » avec salles associatives, une annexe du centre socioculturel, une salle jeunesse, une aire de jeux et jardin public. Une école primaire a été livrée en 2018, accueillant les enfants jusqu'au CE1, dénommée école Pierre Soulages, en hommage au peintre qui vécut à Grabels entre 1942 et 1944. De nouveaux services et professionnels, santé, commerces..., s'y sont installés.

Et enfin, en avril 2024, suite à une importante et fructueuse concertation, une place publique a vu le jour, avec aire de jeux, gradins, restauration solidaire... Elle est devenue le nouveau cœur battant du quartier. À cela s'ajoute une régulation de l'urbanisme freinant la spéculation et favorisant l'accession sociale à la propriété. Résultat : la mobilité résidentielle a chuté, l'attachement des habitants à leur quartier s'est renforcé. L'opération « Cœur de Valsière », désormais labellisée, a bénéficié du soutien de l'État. Elle se prolonge aujourd'hui par un ambitieux plan de désimperméabilisassion et de renaturation des sols.

S'approprier les lieux symboliques : le château communal

La transformation de l'espace public ne saurait se limiter aux équipements ; elle passe aussi par des acquisitions symboliques. L'achat du château de Grabels en est un exemple emblématique. Construit entre le XIIe et le

XVIe siècle, ce château fut un lieu vital pour le village : en 1630, des bassins d'eau y furent installés pour permettre aux femmes du village, les « bugadières », de laver le linge des nobles et des bourgeois de Montpellier. Lors de la Révolution française, la population imposa la gratuité de l'eau, le seigneur local en avait auparavant réduit l'accès avec la mise en place d'une taxation. Un écho historique fort pour une commune qui, quatre siècles plus tard, a concouru à rétablir une régie publique de l'eau !
Le château et son parc, menacés de spéculation immobilière, ont été acquis par la commune pour 500 000 €, payés sur dix ans. Depuis 2015, ce lieu accueille de nombreuses manifestations entre avril et octobre : fête de l'enfance, fête nationale, cinéma en plein air, festival de jazz... Le parc est devenu un lieu d'appropriation collective. Nous ouvrons désormais un grand débat public pour définir l'usage des 800 m² du bâtiment, qui seront aménagés dans le même esprit d'espace public partagé.

L'appropriation populaire d'un ancien château seigneurial incarne pleinement le sens de notre projet communal : transformer les lieux de pouvoir en communs, pour toutes et tous.

L'accès de toutes et tous à la mobilité

C'est une dimension essentielle de la reconquête de l'espace public. Dès les débuts de notre action municipale nous en avons fait un axe central de notre projet. Il s'agissait d'abord de donner la priorité aux mobilités douces, en sécurisant et en valorisant les cheminements piétons, tant en milieu urbain que naturel. Ce fut un franc succès, comme en témoigne l'itinéraire « l'Oasis des Garrigues », qui permet de faire le tour du village. Nous nous sommes équipés également de pistes cyclables, passées de 0 km à près de 16 km en quinze ans.

Avec l'appui de la Métropole, qui a fortement développé les subventions pour l'achat et la réparation de vélos (notamment à assistance électrique), les pratiques de déplacement ont significativement évolué, démontrant la réceptivité des habitants dès lors que la puissance publique envoie des signaux clairs. En parallèle, nous avons réduit la vitesse automobile à 30 km/h dans la plupart des zones urbaines, ce qui a nécessité au préalable un investissement conséquent dans la réfection de nombreuses voiries, restées à l'abandon pendant plus de trente ans.

De la gratuité des transports en commun

En 2016, dans une relative indifférence médiatique, nous avons proposé la gratuité totale des transports en commun de la Métropole de Montpellier, afin de provoquer un véritable choc de mobilité. Ce financement reposait sur le versement mobilité, acquitté par toutes les entreprises de plus de 11 salariés.

En 2020, le maire socialiste de Montpellier, Michaël Delafosse, a repris cette proposition dans son programme électoral. Contrairement aux postures sectaires de certains qui ont abandonné cette exigence sous prétexte qu'elle était désormais portée par un concurrent politique, nous avons choisi la fidélité à nos idées et soutenu la mise en œuvre de la gratuité. Celle-ci est devenue, pour les habitants de la Métropole, totale et définitive en décembre 2023.

Naturellement, cette gratuité doit s'accompagner d'investissements soutenus pour améliorer la desserte : une cinquième ligne de tramway sera achevée fin 2025, une autre ligne est prolongée jusqu'à la nouvelle gare, cinq lignes de tram-bus sont en cours de déploiement. Si l'on y ajoute l'essor du covoiturage, désormais soutenu par la puissance publique, on observe une transformation réelle des pratiques de mobilité. La gratuité des mobilités décarbonées constitue, au XXIe siècle, un enjeu aussi fondamental que le furent la gratuité de l'école au début du XXe siècle ou celle de la santé à son milieu, toutes aujourd'hui menacées par les tenants du libéralisme.

Tranquillité et sécurité publique.

L'article 2 de la Déclaration des droits et des citoyens fait de la sûreté un des droits imprescriptibles. Ce que les révolutionnaires de 1789 entendaient par sûreté se retrouve dans d'autres termes, tels ceux de tranquillité et sécurité publique. C'est un volet indispensable pour une saine appropriation par les habitants de l'espace public.

Certes il est de bon ton, parmi les politiciens qui font commerce de la peur, d'accuser les municipalités de gauche de laxisme dans le domaine de la sécurité ; nous n'y échappons pas dans ma commune où, à chaque veille d'élections municipales la ou les listes de droite mobilisent ce thème, sans grand succès. Bien sûr il nous faut pleinement assumer cette compétence communale : garantir la tranquillité publique de nos administrés comme la loi nous l'assigne. Comment ?
Nous disposons d'une police municipale (PM) composée de sept agents et d'un secrétariat à plein temps installé

dans un commissariat ; c'est là, dans des locaux, avec des travaux en cours d'élargissement et de rénovation, que se fait l'accueil de la population. La présence visible des agents de la PM devant les écoles, les interventions de sécurité routière et de prévention dans les écoles, fort appréciées par les enfants, leur présence régulière sur la voie publique ou lors des événements pour en assurer la régulation, tout cela contribue à les rapprocher au mieux de la population, de gagner sa confiance.

Le commissariat dispose d'une dizaine de caméras de vidéo protection, essentiellement situées aux entrées-sorties de la ville. L'objet n'en est nullement d'instaurer une surveillance régulière mais celui de pouvoir ponctuellement les mobiliser sur mandatement du procureur pour assurer des investigations, suite à un incident. Tel un accident de la route avec délit de fuite, un cambriolage, une rixe ou la disparition d'une personne désorientée. Ce dispositif nous a été très utile dans l'élucidation de certaines affaires.

De ce point de vue notre police municipale est une police de proximité et ne vise en aucun cas à se substituer aux missions de la police nationale, assurée sur notre territoire par une gendarmerie avec laquelle nous travaillons étroitement, sur la base d'une convention régulièrement renouvelée.

Par ailleurs la police municipale ne peut à elle seule assurer toutes les missions de tranquillité publique. Aussi avons-nous mis en place un comité local de sécurité publique et de prévention de la délinquance (CLSPD) qui associe tous les acteurs concernés : le maire, la police municipale, la gendarmerie, la direction départementale de la sécurité publique dépendant du préfet, le représentant de ce dernier, les services sociaux de la mairie et du département, le procureur comme représentant de l'institution judiciaire, les services scolaires et périscolaires ainsi que l'éducation nationale.

Son travail a permis de recenser et de cerner les manifestations d'insécurité et de définir des actions spécifiques. Ainsi la délinquance qui s'est nettement manifestée comme la plus importante est celle les violences intra familiales dont les femmes et les enfants sont les victimes. Dans ce domaine la coordination entre services et la rapidité de réaction est un critère décisif pour prévenir et éviter les drames. Cela nous a amenés à construire des dispositifs pour mettre le plus rapidement possible à l'abri les personnes concernées ; il demeure que nous subissons des carences de la politique nationale : je pense en particulier à la situation désastreuse de l'aide sociale à l'enfance qui se dégrade de jour en jour.

Une politique de prévention au plus près des populations est la meilleure garantie pour créer une ambiance locale de tranquillité publique. Le maillage des associations, des comités de quartier et des référents dans les habitats collectifs, voire des concierges - quand on arrive enfin à les imposer au bailleur - permet une réactivité bien plus efficace qu'une répression qui arrive toujours trop tard. C'est la raison pour laquelle nous avons augmenté notre effort de prévention de toutes les délinquances dans l'action éducative auprès des enfants, des adolescents et des jeunes.
Nous ne faisons aucun complexe dans ce domaine et assumons totalement cette conception juste et républicaine de la sécurité conçue comme un droit fondamental.

Chapitre 9.
Le nerf de la guerre

La libre administration des communes, principe constitutionnel fondateur d'une république démocratique, suppose deux conditions fondamentales. La première : que les décisions communales soient appuyées sur la participation des citoyens, ce qui sera approfondi dans le chapitre suivant. La deuxième condition, souvent oubliée : la liberté fiscale, c'est-à-dire la liberté pour la municipalité de déterminer la forme et le niveau de ses recettes. Dans la relation démocratique entre le peuple et ses élus, le vote et l'impôt sont intimement liés. Or il s'avère que le cadre législatif mis en œuvre par les différents gouvernements de la Ve République a profondément remis en cause cette liberté budgétaire et fiscale.

D'un côté la liberté d'administration des communes est proclamée – en assignant aux maires toute la responsabilité politique, administrative, civile et pénale. Et de l'autre les décisions gouvernementales ne cessent d'affaiblir toujours plus cette libre administration, avec la prise de décisions contraignantes dont le seul objectif est d'imposer aux collectivités territoriales les politiques d'austérité budgétaire exigées par les dogmes intangibles du néolibéralisme. On ne peut dès lors exercer cette souveraineté communale sans contester d'une part un carcan budgétaire imposé à l'échelon national et chercher d'autre part à dégager à l'échelon local des marges de manœuvre les plus larges possible.

Les ressources financières des communes

Laissant de côté les départements et les régions, jetons un œil sur les ressources du bloc communal, c'est-à-dire les communes et les intercommunalités.

Depuis la suppression démagogique et irresponsable de la taxe d'habitation, la seule véritable ressource fiscale propre aux communes est celle de la taxe foncière – il s'agit pour l'essentiel de celle qui s'applique au foncier bâti. Celle-ci représente plus de 70 % des ressources de ma commune ; mais elle a deux inconvénients majeurs.

D'abord celui d'établir un lien fiscal avec les seuls propriétaires, qui, dans ma commune, ne représentent que 45 % des habitants ; la majorité de la population cesse donc d'avoir un lien fiscal direct avec sa municipalité. Quant aux propriétaires loueurs d'un bien immobilier, ils peuvent répercuter le poids de la taxe foncière sur les charges payées par les locataires.

La taxe foncière est par ailleurs très inégale selon les territoires car reposant sur des bases d'évaluation qui datent des années 1970 ; dans une même commune, des logements de surface et de standing identiques peuvent avoir des bases de calcul très différentes selon la date à laquelle ils ont été construits. Elle est injuste car elle ne tient aucun compte des différences de revenus des propriétaires.

Chaque année on voit dans nos communes des personnes âgées aux petites retraites, qui ne souhaitent pas vendre le logement dans lequel ils ont vécu, avoir du mal à régler cette taxe foncière pour laquelle il n'existe que très peu de moyens d'abattement. Dès lors il est très difficile pour un conseil municipal d'augmenter le taux d'imposition de cette taxe, ce qui porterait atteinte au pouvoir d'achat d'une partie significative de la population.

À quand une majorité parlementaire et un gouvernement qui aura le courage de modifier la fiscalité locale dans un sens plus juste ?

En attendant, pour les communes, la seule méthode d'action pour envisager une hausse de la taxe foncière est de prendre à témoin la population sur la nécessité de financer des actions et des investissements d'intérêt général et qui font consensus. Ainsi en a-t-il été pour les dernières hausses de taux votées par notre conseil municipal en 2017 ; nous les avons justifiées devant les habitants par la nécessité de deux grands chantiers scolaires : la création d'une nouvelle école dans un quartier en pleine expansion et la nécessité d'une rénovation thermique complète de la plus grande école élémentaire de la ville. Lors du scrutin suivant les électeurs ont validé ce choix.

Quelles sont les autres ressources budgétaires ?
10 % du budget provient de loyers payés par ceux qui louent des bâtiments appartenant à la commune et,

surtout, par les recettes liées au temps périscolaire et extrascolaire, ainsi qu'à l'accueil de la petite enfance. Notre politique consistant à faire d'une part diminuer le plus possible les facturations des moins favorisés de nos administrés, dans le but de permettre un libre accès des enfants à une alimentation saine et durable, à encourager d'autre part (sur le temps où nous en avons la charge) l'accès libre des enfants à des loisirs encadrés et de qualité. Ces recettes ont dès lors tendance à baisser.

Les 20 % restants proviennent des subventions obtenues de divers organismes. Du côté de l'État, c'est la Bérézina ! La fameuse dotation globale de fonctionnement s'élevait en 2008 à 800 000 € sur un budget de 6 millions d'euros pour une population de 6000 habitants ; en 2024 pour un budget de 10 millions d'euros et une population de 9000 habitants, la dotation de l'État est désormais de... 400 000 € ! Soit une division par deux et une baisse de 75 % par habitant. L'objectif de l'État, en nous étranglant financièrement, est de nous contraindre à suivre sa politique d'austérité.

Par contre je tiens ici à rendre hommage à la direction de la branche famille de la sécurité sociale, la CAF (caisse d'allocations familiales), qui obéit pour sa part à des critères objectifs fixés préalablement pour l'attribution des subventions ; loin des décisions discrétionnaires des politiciens néolibéraux. Ainsi pour notre commune, vu l'effort très significatif à la fois qualitatif et quantitatif dans l'encadrement de l'enfance, la CAF augmente mécaniquement ses financements en appliquant tout simplement ses critères.

En 2008 la dotation de la CAF était de 300 000 € et en

2024 elle est de près d'un million d'euros. Nous militons donc pour qu'à tous les échelons (national, régional, départemental, intercommunal) les subventions ne soient plus déterminées de manière discrétionnaire par l'autorité en question, en fonction souvent de la proximité politique des élus, mais en fonction de critères objectifs et mesurables déterminés à l'avance de manière concertée.

Le budget de fonctionnement, une dépense dynamique !

Le budget de fonctionnement regroupe toutes les dépenses courantes et notamment les dépenses de personnel. Rappelons que l'autorité territoriale ne réalise les dépenses que par l'intermédiaire du trésor public qui vérifie que la dépense ordonnée correspond au budget voté et que la commune dispose bien des fonds.

Contrairement à l'État qui peut financer son fonctionnement par l'emprunt, cela est strictement interdit pour les collectivités locales, donc impossible pour les communes.

La doxa libérale, pour qui les dépenses de personnel sont des charges lourdes, enjoint aux collectivités de diminuer ces dépenses en supprimant des services soit en les privatisant. Ce n'est rien comprendre au service public municipal. La commune est avant tout un ensemble cohérent de services auprès de la population ; elle se doit de recourir à des personnes humaines compétentes et impliquées. On ne gardera jamais les enfants avec des robots ! Aussi avons-nous refusé toute privatisation de nos services ; le service public doit englober tout ce qui relève de l'intérêt général.

Le poids important et la priorité accordée aux services auprès de la petite enfance, de l'enfance et de la jeunesse, aboutit à ce que les trois quarts des personnels de la commune sont dans ce champ d'activité. Nous refusons les statuts précaires et cherchons à titulariser le plus possible les agents, ce qui crée un climat de confiance et un engagement de qualité de ce personnel, largement apprécié et reconnu par la population.

Nous écartons bien sûr ce dogme néolibéral comme quoi il ne faudrait pas dans la gestion municipale dépasser pour les dépenses de personnel 50 % du budget de fonctionnement ! Une aberration qui ne vise qu'à inciter les communes à privatiser ses services. Nous assumons parfaitement que nos dépenses de personnel représentent 70 % de nos dépenses de fonctionnement.

Notre commune se distingue par une forte implication des services communaux dans les réalisations techniques et de maintenance ; c'est un choix politique, celui de disposer dans notre collectivité de services techniques puissants, ce qui nous permet de moins recourir aux prestations d'entreprises extérieures. Nous assurons en interne la construction et la maintenance des bâtiments communaux. Il en est de même pour l'animation auprès des enfants. Notre « brigade » d'animateurs-professionnels et formés nous permet de créer des temps très conviviaux sans trop recourir aux intervenants extérieurs.

Une part du budget de fonctionnement est aussi consacrée au soutien des associations, nombreuses dans ma commune. La commune finance par ailleurs 90 % des dépenses du CCAS.

La part restante est utilisée pour l'essentiel aux achats et à certaines prestations et, bien sûr à l'impérieuse nécessité de dégager une épargne.

Investir dans l'avenir

Les besoins éducatifs et sociaux de la population ainsi que la résilience au changement climatique nécessitent une planification des investissements structurels. La gestion en « bon père de famille » préconisée par les néolibéraux conduit à s'en tenir le plus possible à l'existant, à ne pas anticiper sur les besoins, pourtant criants et qui doivent nous permettre de préparer l'avenir et de faire face aux risques sociaux et écologiques.

En 18 ans nous sommes parvenus à investir plus de 50 millions d'euros dans la création ou la rénovation des écoles, dans des infrastructures de mobilité, dans la construction d'une maison commune, d'une mairie annexe et de salles associatives, de terrains de sport, d'une crèche municipale avec une maison de la famille, de l'enfance, la réalisation de places publiques, l'aménagement de jardins et d'aires de jeux, la construction d'une salle de spectacle etc.

Comment cela a été financé ? En utilisant essentiellement trois leviers :

• 30 % provient de l'épargne du budget de fonctionnement, c'est-à-dire de la différence entre recettes et dépenses. Cette épargne brute sert d'une part à rembourser le capital emprunté précédemment et d'autre part à constituer un apport significatif pour réaliser nos investissements.

• 30 % proviennent de subventions obtenues auprès des différents organismes ce qui nécessite un très fort investissement en temps de travail de la part des services et des élus pour obtenir de tels subsides. Sont ainsi sollicités l'État directement, la région, le département, l'agence de l'eau, l'intercommunalité... Les subventions du département sont en voie de disparition sous l'effet de la réforme de 2015 qui diminue ses compétences et sous l'effet de la crise financière existentielle qui frappe le département de l'Hérault. La situation de la région se dégrade à son tour. Il est donc vital qu'à l'échelon national une nouvelle politique se mette en place pour aider les communes.

• Enfin près de 40 % du financement provient de l'emprunt. Là aussi la doxa néolibérale stigmatise le recours à l'emprunt au nom de l'idée que la dette serait par principe malsaine. Cela doit être réfuté avec vigueur. Quand vous construisez une école qui pourra fonctionner sans nécessité de gros travaux pendant 30 ou 40 ans, il est stupide et irresponsable de faire financer cela par les seuls contribuables dès la première année. Il est au contraire de saine gestion de répartir par l'emprunt cet effort sur les 15, 20, voire dans certains cas à 40 années suivantes.

Naturellement l'univers bancaire est un univers privé, concurrentiel et intraitable. Ils ne vous prêtent que si vous dégagez chaque année une épargne suffisante. Nous avons pu ainsi obtenir des financements significatifs de la Caisse d'épargne, de la Banque postale, du Crédit agricole, de la Banque européenne d'investissement et de la Caisse des dépôts et consignations, à des taux d'intérêt relativement faibles.

Dans ce domaine la Caisse des dépôts et consignations, dont le seul actionnaire est l'État, a le monopole de la collecte d'une partie significative de l'épargne privée ; elle devrait évoluer pour devenir la grande banque publique qui financerait à des taux très faibles les projets d'investissement d'intérêt général, comme elle le fait actuellement pour le financement des logements sociaux.

Le budget de l'intercommunalité et sa fragilité

Notre intercommunalité, la métropole de Montpellier, joue un rôle important auprès de nos populations, vu l'importance des compétences qu'elle exerce. Il est donc décisif pour les communes de s'investir dans l'échelon intercommunal. Or le financement des compétences métropolitaines présente des fragilités. On peut distinguer les financements dédiés qui sont affectés à une compétence donnée et une taxation particulière du financement du budget général pour les autres fonctions.

Premièrement les financements dédiés :

• Comme on l'a vu plus haut, la compétence eau et assainissement est exclusivement financée par les factures d'eau payée par les usagers. Il s'agit donc d'un budget totalement séparé et étanche. Il peut être complété par des subventions de l'Agence de l'eau du bassin versant, elle-même financée par les redevances intégrées aux mêmes factures d'eau. C'est la raison pour laquelle je me suis beaucoup investi dans le comité de bassin Rhône Méditerranée de l'Agence de l'eau qui, dans ce domaine, joue un rôle très important dans la planification des investissements.

• La collecte et la gestion des déchets doit être financée par la TEOM (taxe d'enlèvement des ordures ménagères) payée par tous les ménages. Comme on l'a vu dans le chapitre concerné, il est décisif d'avoir une gestion rigoureuse dans ce domaine pour que cette taxe particulièrement injuste n'explose pas.

• Le versement mobilité réglé sur votre territoire par toutes les entreprises de plus de 11 salariés, correspondant à un pourcentage de la masse salariale, doit pouvoir financer le fonctionnement des transports en commun. Ainsi sur la métropole de Montpellier, la mise en place de la gratuité des transports en commun à partir de 2023, décision que j'ai approuvée pleinement pour l'avoir défendue depuis de longues années, a pu être financée par ce versement mobilité.

• La taxe GEMAPI (gestion des milieux aquatiques et prévention des inondations) est payée par tous les ménages et finance ces travaux absolument essentiels à la protection de notre territoire contre les risques majeurs et à une bonne gestion écologique de nos cours d'eau.

On voit donc pour ses principaux financements dédiés qu'ils s'appuient sur des prélèvements relativement injustes puisque ne tenant pas compte des différences de revenu et de patrimoine. Nous avons pu corriger cela dans le domaine de l'eau avec les 15 premiers m3 gratuits et une tarification sociale et progressive.

Deuxièmement le budget général doit financer tout le reste : la gestion des équipements collectifs comme les nombreuses médiathèques et piscines, le nettoiement des rues et espaces publics métropolitains, et surtout

tous les investissements structurants comme les voiries des rues et des pistes cyclables, la réalisation de lignes de tram ou de bus-tram, l'achat de véhicules de transport en commun, les infrastructures de zones d'activité etc... et tout cela est financé par un budget général qui repose quasi exclusivement sur la fiscalité économique des entreprises : la CVAE (cotisation sur la valeur ajoutée) et la CFE (cotisation financière des entreprises) pour l'essentiel. En conséquence l'intercommunalité est particulièrement dépendante du dynamisme économique du territoire.
Pour le moment le dynamisme économique de la métropole de Montpellier s'est maintenu, mais si un retournement se fait sentir, la source de financement peut diminuer et mettre en péril le service public métropolitain. On le voit d'ailleurs depuis quelques années avec la crise de l'immobilier qui, à travers les taxes d'aménagement, étaient une source notable de financement des équipements publics ; la diminution de cette ressource a fragilisé l'équilibre financier de l'intercommunalité.

De façon plus marginale, mais non sans importance pour l'ensemble des communes qui composent notre métropole, l'intercommunalité tire son financement d'une part du budget communal via l'Attribution de Compensation. Cette attribution est versée par les communes pour les dépenses de fonctionnement (ACF) de la métropole, mais aussi pour celles d'investissements (ACI), celle enfin pour la compétence de la voirie qui lui est transférée quasi exclusivement.

L'ACF, dans la métropole de Montpellier, est calculée en fonction du nombre d'agents et de matériel que les communes ont transférés en 2015. Cette attribution fixe ne prend en compte ni l'évolution du service ni les évolutions de carrière des agents. Aussi, depuis 2024, la métropole a proposé aux municipalités de voter une évolution de l'Attribution de Compensation dans son volet fonctionnement.

Sur l'investissement, l'ACI est, elle aussi, problématique. D'un montant fixe, elle a été calculée sur la moyenne des dépenses de voirie consenties par chaque commune des années 2005-2015. Les communes qui, comme la mienne, ont beaucoup investi sur cette période se retrouvent fortement ponctionnées sur leur budget d'investissement. Ainsi, quel que soit le projet municipal, Grabels doit verser 500 000 € pour ses voiries. Une année comme 2024, où nous investissions massivement dans la transition écologique, avec la rénovation thermique de notre principale école, nous nous serions bien passés d'investir ces 500 000 € dans les voiries, mais cette dépense nous est contrainte, sans quoi notre budget ne serait pas accepté par la préfecture. Vous avez dit libre administration des communes ?

Bref, pris dans la contrainte budgétaire ordonnée par l'État, les collectivités locales ne doivent pas abandonner leur ambition sociale et écologique et à la fois combattre des politiques nationales d'austérité ; elles doivent aussi organiser localement les contre-exemples qui donneraient du sens à une nouvelle politique.

Chapitre 10.
Pour une démocratie locale continue

La démocratie locale ne peut être pensée indépendamment de la profonde crise démocratique que traverse notre société. De la remise en cause par les élites politiques du rejet populaire du projet constitutionnel européen en 2005, jusqu'au refus en 2024 par le président de la République de nommer un Premier ministre issu de la coalition de gauche arrivée en tête, en passant par l'adoption, sans vote du Parlement, de la réforme des retraites à 64 ans malgré une opposition massive de la population, le sentiment d'un profond déni démocratique par les élites n'a cessé de croître. Ce fossé entre représentants et représentés se ressent jusqu'à l'échelle locale. Sondage après sondage, les Français manifestent un manque de confiance et un rejet croissant des élus politiques à tous les niveaux. Une exception notoire subsiste : les maires et les élus municipaux, en qui une large majorité de la population continue de faire confiance. Il faut donc soigner et améliorer la démocratie locale, afin qu'elle puisse devenir le socle de la reconstruction d'un nouveau contrat démocratique.

La démocratisation du conseil municipal

Les conseils municipaux sont élus tous les six ans, ce qui garantit une stabilité temporelle propice à la mise en œuvre de projets locaux. Depuis 1884, le maire est élu par le conseil municipal qui tient sa légitimité du suffrage universel. Le maire était auparavant nommé par le préfet et donc soumis au pouvoir exécutif national. Si l'on excepte les quatre années de dictature du régime de Vichy, la commune, dont le statut est celui de collectivité locale élue au suffrage universel, est, par ce fondement démocratique, une pierre angulaire de la République.

Il est dommageable que, dans la majorité des communes, les délibérations du conseil municipal soient peu connues des habitants. Pour y remédier, il faudrait rendre obligatoire un certain nombre de pratiques que nous avons mises en œuvre de notre propre initiative :

• Le visionnage en ligne et l'enregistrement de tous les débats, disponibles en accès libre, cette pratique est à présent bien davantage généralisé ;
• La possibilité pour les citoyens de poser des questions lors des séances du conseil ;
• L'organisation régulière de réunions publiques, rendant compte des décisions et débats.

Nous avons constaté que ces mesures permettent de rapprocher les habitants des instances municipales. Par ailleurs, rien n'interdit à un conseil municipal, comme nous l'avons fait, d'introduire des dispositions non prévues par la loi. Deux exemples : si 10 % des électeurs inscrits demandent l'inscription d'un point à l'ordre du jour, le conseil s'engage à l'examiner ; si 10 % demandent

un référendum local, nous pouvons l'organiser. On peut aller encore plus loin en prévoyant, dans le règlement intérieur, l'engagement des élus à démissionner et à se représenter devant les électeurs si 10 ou 20 % d'entre eux le demandent par pétition.
Ces mesures donnent vie à des pratiques qui devraient être inscrites dans la loi. Par ailleurs, les droits de l'opposition doivent être pleinement garantis : tribunes libres dans le journal et sur le site municipal, droit de présenter des contre-rapports, comme nous l'avons fait en 2021 pour l'analyse financière de la commune.

Pour la démocratie directe

En 2013, un vif débat sur la gestion de l'eau a traversé l'agglomération de Montpellier. Dans notre commune, nous avons décidé d'organiser un référendum local afin que les citoyens puissent choisir entre la régie publique ou la délégation à une entreprise privée.

Chaque électeur a reçu un document présentant les arguments de chacune des options. Une réunion publique a permis un débat contradictoire. Le corps électoral comprenait tous les usagers de l'eau de plus de 16 ans, y compris les personnes étrangères non européennes. Le préfet nous a indiqué que ce référendum sortait du champ de compétence communale. Je lui ai répondu : « Ce n'est pas un référendum au sens de la loi, mais une votation citoyenne destinée à recueillir un mandat populaire. »

La votation a rassemblé plus de la moitié des usagers, et la régie publique a été plébiscitée à 95 %. Cette assise démocratique nous a donné la légitimité nécessaire pour imposer ce choix lors des élections de 2014, et la régie publique a été mise en place en 2015.

Nous avons ensuite renouvelé cette méthode sur d'autres sujets : voirie, éclairage public et extinction nocturne. Le conseil municipal s'engage à respecter les résultats de ces consultations, même en l'absence de cadre légal formel. Pour qu'elles soient efficaces, ces votations doivent être précédées d'une phase rigoureuse de sensibilisation, d'information et de débat contradictoire.

Pour une vraie démocratie participative

Une fois élue, une majorité municipale a le devoir de mettre en œuvre ses engagements de campagne. Cela suppose :

- Une clarté programmatique pendant la campagne électorale ;
- L'annonce publique d'un calendrier de réalisation ;
- Le maintien d'une consultation régulière de la population, en particulier en cas d'imprévu ou de sujet non débattu lors des élections.

Dans cet esprit, nous avons mis en place plusieurs structures pérennes de participation :

- Le Conseil citoyen de la transition écologique (CCTE), installé fin 2020, composé de 7 élus (dont l'opposition), 7 citoyens tirés au sort, 40 représentants associatifs. Tous les projets dans ce champ ont été soumis à son avis, puis validés en conseil municipal (ex. : rénovation thermique de l'école, verdissement des places publiques).

• Le Conseil de la vie périscolaire, qui associe parents d'élèves, directions d'école et services municipaux pour toutes les activités extra-scolaires (garderies, repas, centres de loisirs, espace jeunes, crèches...).

•Le Conseil communal des enfants : les élèves du CP au CM2 reçoivent une carte électorale. Chaque année, 5 élèves de CM1 sont élus pour deux ans, après une vraie campagne et un scrutin dans la salle du conseil. Leurs projets sont soumis au conseil municipal, et leur implication dans les cérémonies républicaines est remarquable.

En complément, nous organisons de nombreuses consultations ponctuelles (ex. : comité de suivi d'un nouveau quartier). Chaque quartier dispose d'un comité (formel ou ad hoc) qui est consulté sur les projets le concernant. Nous projetons d'instaurer un véritable budget participatif.

Cependant, une réelle démocratie participative suppose de reconnaître que seules des minorités (souvent retraités ou cadres) participent spontanément à ces dispositifs. Il faut donc aller plus loin, et développer une stratégie d' « aller vers », en se déplaçant directement vers la population, dans ses lieux de vie.

Pour une démocratie associative.

Le service public est la partie visible de l'action publique, mais un projet municipal doit aller au-delà et apporter toute son attention au rôle que joue le monde associatif, fort de ses centaines de bénévoles. Par leur mobilisation au quotidien les associations participent de la vie et de la démocratie locale. Le service public, dont l'objet est celui de l'intérêt général, agit dans le cadre de ses compétences définies par la loi ; les associations, groupements de personnes volontaires, à but non lucratif et encadrées par la loi de 1901, ont comme objet social celui défini par ses adhérents. Par son caractère propre les associations participent souvent à des missions d'intérêt général, établissant une complémentarité avec le service public. Il est impératif pour un conseil municipal de favoriser le développement du monde associatif dans sa commune. Comment ?

• En disposant de suffisamment de salles municipales mises gratuitement à la disposition des associations locales domiciliées dans la commune. Ces espaces ont été en 15 ans multipliés par 10. Quant aux partis politiques puis aux syndicats, ils ont aussi la possibilité d'accéder gratuitement à une salle. Nous remplissons ainsi la 1ère des conditions indispensables à la vitalité démocratique.

• En attribuant aux associations des subventions - établies en toute transparence sur des critères définis en commun et acceptés par tous : nombre d'adhérents locaux, portée éducative (nombre d'enfants inscrits), objet social fondé sur des critères de solidarité ou de défense de l'environnement, d'animation socioculturelle et sportive. Il importe d'accompagner les associations dans leur gestion en leur fournissant des outils, en les aidant aussi à remplir des dossiers de subventions auprès d'autres institutions.

• En rendant largement publique l'activité de ces associations, non seulement en organisant la traditionnelle fête des associations début septembre, mais aussi tout au long de l'année en les inscrivant dans l'agenda local diffusé auprès de tous les habitants. Le journal municipal insère enfin dans son édition un cahier spécial rédigé librement par les associations.

Une maison des associations dénommée « les Pléiades », dispose désormais d'un espace partagé de travail connecté et des lieux de réunion et de convivialité. Il serait bienvenu d'aller plus loin et d'initier une véritable démocratie associative. Faire se rencontrer des associations à des moments et dans des lieux choisis peut permettre de fructueux échanges. Souvent les objets sociaux des associations se croisent, elles peuvent mutuellement se féconder et permettre des initiatives communes. Pourquoi ne pas mettre en place un conseil de la vie associative à l'échelon du territoire communal ?

Notre commune de 9000 habitants compte plus de 6000 adhésions à des associations ; certes certaines personnes font plusieurs adhésions, mais demeure le fait que près de la moitié de la population fait la démarche de s'inscrire dans au moins une d'entre elles. C'est un socle important pour la vitalité de la vie locale.

Comme vu dans un chapitre précédent, les nombreuses et très dynamiques associations sportives jouent un précieux rôle d'action éducative. C'est également le cas d'un grand nombre d'associations culturelles dans de nombreux domaines artistiques. Plusieurs associations sont aussi très engagées dans l'action sociale de solidarité notamment auprès des personnes âgées, des personnes en situation de handicap, plusieurs autres associations ont des finalités civiques et citoyennes.

Faute de pouvoir les citer toutes, je me contenterai de signaler la plus importante d'entre elles, cofinancée par la ville et par la CAF (caisse des allocations familiales) ; il s'agit d'un centre socioculturel avec près de 2000 adhérents, disposant de locaux dans le bâtiment communal de la maison commune et dans la mairie annexe. Une convention entre ce centre socioculturel et la municipalité qui est régulièrement renouvelée par le conseil municipal, est un important facteur de dynamisme de la vie locale.

Pour une souveraineté communale

L'article 72 de la Constitution garantit le principe de libre administration des communes, fondement républicains issu de la Révolution française. Pourtant, ce principe est aujourd'hui affaibli, alors que des structures supérieures concentrent de plus en plus de pouvoirs et de compétences, au détriment des communes.

Nous comprenons que certaines politiques publiques puissent être menées à une échelle pertinente, comme les bassins versants pour la gestion de l'eau. Mais cela doit se faire dans un cadre national garantissant l'égalité des territoires, à rebours des différenciations territoriales qui aggravent les inégalités.

Toute politique ayant un impact local, qu'elle émane de l'État, de la région, du département ou de l'intercommunalité, doit être élaborée avec l'accord de la commune et de son conseil municipal.
Quelques exemples :

• Une liaison routière départementale a été imposée, malgré notre opposition, défigurant notre espace naturel. Aucun débat citoyen n'a eu lieu. Nous demandons que tout projet d'infrastructure porté par une autre collectivité soit soumis à l'avis impératif du conseil municipal (ou, au minimum, à une consultation locale).

• La métropole de Montpellier, créée en 2015, cumule des compétences majeures : eau, voirie, déchets, transports, urbanisme, etc. Pourtant, elle reste perçue comme lointaine et peu accessible. Nous avions voté contre ce passage, avec sept autres communes. Nous proposons :
1. Un pacte de gouvernance obligatoire interdisant toute décision métropolitaine impactant une commune sans son accord explicite ;
2. La publicité des débats de la conférence des maires (structure informelle mais essentielle de gouvernance intercommunale) ;
3. La fusion des accueils métropolitains et municipaux dans chaque mairie, ce que nous avons obtenu en 2015 ;
4. Le développement de dispositifs de concertation démocratique métropolitaine : comité de suivi citoyen pour la régie des eaux, convention citoyenne sur le numérique, dialogue citoyen sur les déchets ayant produit un cahier de recommandations.

En résumé, la commune est la cellule de base de la République. Elle peut devenir le lieu de la reconstruction démocratique, fondement d'une Sixième République véritablement populaire et participative.

Une commune internationaliste

« La Corrèze avant le Zambèze ! » Cette saillie xénophobe d'un essayiste - au milieu des années 60 - sert toujours de ralliement aux réactionnaires. Ceux-ci soutiennent ce qu'ils disent être une idée populaire allant de soi : il est normal de s'occuper des nôtres et pas de ceux qui sont nés hors des frontières. Ce sont les mêmes qui, face à la misère sociale des citoyens de leur pays, fustigent l'assistanat et prônent des coupes budgétaires dans les dépenses sociales...

Notre municipalité n'a en rien cédé à cette pression xénophobe ; elle revendique haut et fort le bien fondé des actions de solidarité internationale. Les échanges et la solidarité entre les peuples sont aussi importants que l'échange diplomatique entre les États, dont nombre d'entre eux sont de fait très éloignés des populations. Il revient aux villes du monde entier de nouer de manière directe des liens forts de coopération.

En 2004 une institutrice arrive dans notre école, où je ne suis alors que le président des parents d'élèves. Celle-ci, revenant de plusieurs années de coopération au Niger, nous proposa de mettre en place un jumelage direct entre l'école de notre village et une école d'un village du Niger. Débutent des correspondances suivies et mutuellement très enrichissantes entre les enfants des deux pays ; puis s'est créé un dispositif associatif pour soutenir l'alimentation en eau et en nourriture des cantines africaines de ce village du Sahel. Nous avons été particulièrement heureux comme parents que nos enfants aient pu profiter de cette ouverture au monde et à la solidarité pendant leur formation.

Avec mon équipe installée en 2008 nous avons construit un jumelage officiel entre notre ville et la ville nigérienne d'Abalak. Son maire très impliqué est venu plusieurs fois rencontrer nos habitants et nos écoliers. Nous nous sommes engagés à verser chaque année l'équivalent d'un euro par habitant à une association dédiée d'une part à la construction de puits près des écoles concernées et d'autre part à acheter la nourriture indispensable pour les cantines scolaires. Cela a eu comme effet immédiat l'augmentation de la scolarisation, dont celle des filles auparavant minoritaires.

Prenant appui sur cette expérience nous avons voulu aller plus loin en mettant en place un vaste projet de forage et d'adduction d'eau pour cette ville nigérienne de 15 000 habitants, obtenant le soutien financier décisif de l'Agence de l'eau et de l'AFD (Agence française du développement). Ce projet est pour le moment interrompu à la suite du coup d'état au Niger en juillet 2024 mais nous ne désespérons pas de pouvoir le réengager.

Nous nous sommes parallèlement mobilisés pour que l'agglomération de Montpellier mette enfin en œuvre une stratégie de coopération décentralisée puisque la loi autorise tous les opérateurs d'eau potable et d'assainissement de consacrer jusqu'à 1 % de leur budget global à des actions de solidarité dans les pays du Sud. L'objet en est de renforcer l'accès à l'eau potable et de garantir un assainissement de qualité. L'occasion m'a été donnée de voir les réactionnaires hurler d'un côté contre le danger migratoire et refuser de l'autre cette aide au développement qui est la seule façon de tarir les causes des migrations.

À partir de 2014, avec la mise en place de la régie des eaux dont je préside le conseil d'administration, nous avons largement mobilisé cette possibilité et piloté d'importants projets au Maroc, en Mauritanie, au Sénégal, en Palestine, à Cuba, à Haïti... Ce travail engagé à la base entre collectivités territoriales de différents pays est certes précieux mais reste insuffisant. La loi autorise la possibilité d'utiliser 1 % du budget ; je pèse auprès de mes amis parlementaires pour qu'un projet de loi rende ce financement obligatoire.

Nous ne manquons jamais une occasion de manifester localement notre ouverture au monde lors de nos nombreuses manifestations culturelles et lorsque des événements appellent des moments forts de solidarité : ainsi suite au tremblement de terre au Maroc, à l'invasion de l'Ukraine par la Russie, nous avons organisé des actions de solidarité et mis le drapeau marocain puis ukrainien flotter sur le pavois de la mairie. Lorsque nous recevons des délégations venant de pays étrangers nous les accueillons en mettant à côté de notre drapeau tricolore l'emblème de leur pays.

Depuis 18 ans les drapeaux suivants ont pu être pavoisés : Niger, Maroc, Algérie, Italie, Espagne, Haïti, Palestine, Sénégal, Cuba, Japon, Corée du Sud... et quand le 22 septembre 2025 la République française par la voix de son président a reconnu officiellement l'État de Palestine à la tribune de l'ONU, il nous est apparu tout naturel de faire flotter le drapeau palestinien pendant cette journée historique, faisant fi de la ridicule opposition du ministre de l'intérieur et de son préfet. D'ailleurs quand six mois plus tôt j'avais accueilli le maire palestinien de Bethléem venu nous rendre visite, personne n'avait trouvé à redire pour avoir sorti le drapeau palestinien. Nous devons tenir bon dans ce message de fraternité et de paix entre les peuples.
Plus profondément, des liens familiaux, amicaux, éducatifs, professionnels pénètrent la grande majorité des

ménages et familles de ma commune, de par l'existence de relations fortes sur les cinq continents. Plus de 10 % des électeurs sont nés hors du territoire métropolitain et un tiers des habitants ont un père ou un grand-père d'origine étrangère. Nos populations sont donc très naturellement insérées dans un tissu international ; il n'y a donc aucune contradiction entre la volonté de maîtriser sa vie sur son propre territoire et de rester fraternel et ouvert avec les autres peuples du monde.

On touche là au fondement même de la République française. Son texte fondateur, la déclaration des droits de l'homme et du citoyen, a une portée universelle et les droits fondamentaux qu'elle reconnaît couvre tous les êtres humains, indépendamment de leurs origines ethniques, nationales ou religieuses. L'universalité de la promesse républicaine française constitue le socle le plus solide de notre démocratie. La démocratie qu'elle soit locale ou à l'échelle du pays ne peut pas se concevoir sans la fraternité.

CONCLUSION : du communalisme à la révolution citoyenne

Nous avons voulu relater ici les principales actions de notre expérience municipale. Si nous avons bien conscience de ne pas avoir transformé autant que souhaité, nous avons toujours eu comme fil à plomb la volonté de rompre sur le plan local avec les logiques du néolibéralisme. Les éléments de rupture que nous avons obtenus au niveau local laissent entrevoir ce que pourrait produire des ruptures au niveau national.
Notre expérience était fondée sur un contenu et une méthode. Le contenu se résume à la poursuite de trois ob-

jectifs : lutter contre les inégalités sociales, la pauvreté et l'injustice ; s'engager à tous les niveaux dans la bifurcation écologique rendue impérative par le changement climatique ; enfin développer une démocratie locale continue. Quant à la méthode, elle est pilotée par le principe républicain de la libre administration de la commune par son conseil municipal et ses habitants.

Durant cette période de trois mandatures, 2008 à 2026, notre expérience s'insère dans un mouvement riche et divers. Dans de nombreuses villes d'Europe et d'Amérique latine des citoyens mobilisés ont pris en main la gestion de leurs municipalités. La ville de Barcelone est une de celles plus particulièrement emblématique de ce mouvement. On l'a qualifié de « communaliste ». Pendant ces bientôt 18 années d'action municipale quotidienne, nous avons souvent été inspirés par l'étude de ces mouvements. Sans rentrer dans toutes les nuances de la littérature consacrée au communalisme, on peut en souligner la singularité.

Il entend avant tout penser le changement politique, écologique et social, en partant du bas, en mobilisant les citoyens à l'échelle de la commune, en utilisant systématiquement tous les leviers de l'action publique locale pour engager des premières ruptures significatives. Nous n'avons pas cédé pour autant à l'illusion que l'action locale pouvait tout changer. Mais celle-ci participe et prépare à sa façon un mouvement plus global.

L'histoire des municipalités de gauche depuis plus d'un siècle est de de point de vue inspirante. En 1893 les élections municipales voient la percée pour la première fois de listes socialistes qui conquièrent le pouvoir dans quelques villes. À l'époque le mouvement socialiste, pas encore unifié en France, se divise sur les questions municipales en deux grandes orientations : à droite, sous l'influence notamment de Paul Brousse, est prônée une gestion des institutions en se limitant à quelques pas possibles. Plus à gauche, sous l'impulsion notamment de Jules Guesde, est théorisée l'impossibilité de l'action locale tant que le socialisme ne l'aura pas emporté à l'échelon national. Pendant tout le XXe siècle le mouvement socialiste et communiste dans notre pays cherchera dans son action locale à naviguer entre ces deux écueils pour conquérir des municipalités.

Pour la période dite des 30 glorieuses les expériences des municipalités socialistes et communistes est souvent instructive. Le socialisme municipal et le communisme municipal ont pu réaliser de belles conquêtes populaires sur leur territoire.

Cela s'est produit dans un contexte plus favorable des années 50 jusqu'à la fin des années 70. Durant cette phase le capitalisme (dit fordiste) permettait une certaine redistribution sociale dont pouvaient se saisir les collectivités locales. Ces 30 dernières années, avec l'avènement d'un capitalisme financier et mondialisé la redistribution à l'échelon local s'est affaissée. C'est à l'aune de cette évolution qu'il faut apprécier tous les dispositifs que les gouvernements de la Ve République ont mis en place pour corseter la liberté communale. Le mouvement communaliste est apparu dans ce contexte, refusant de s'en tenir à une simple gestion des affaires courantes au service de l'ordre dominant, pour prôner la prise en main des institutions locales par les citoyens mobilisés.

Dès lors nous ne pouvons plus séparer, en faire des catégories totalement étanches, le niveau local et le niveau national.

Être partie prenante du mouvement social à l'échelon global implique au niveau local de travailler à instituer des municipalités de rupture avec le libéralisme et le capitalisme financier, de se mettre au service des besoins de la population. Les élections municipales ne se déroulent pas dans un monde à part, aseptisé et ignorant des évolutions et des bouleversements de la société dans son ensemble.

Le mouvement des gilets jaunes, l'impressionnante levée en masse contre la retraite à 64 ans, comme bien d'autres mobilisations récentes, montrent que notre société est travaillée par un profond processus de révolution citoyenne. L'action communaliste consiste à exprimer ce processus en cours à travers les élections municipales. Nous sommes de plus en plus nombreux à partager une telle ambition.

REMERCIEMENTS

Enfin, aux termes de cet ouvrage, je voudrais rendre hommage d'abord à deux personnes qui m'ont accompagné dans sa rédaction, Bruno Flacher, mon ami de toujours depuis 60 ans et qui a partagé tous mes combats, et le jeune Antoine Bertrand qui, avec ses 28 ans, nous apportait un regard neuf et incisif.

Dans l'engagement municipal, pèse sur le maire une forte responsabilité, mais l'action municipale n'est pas une action individuelle ; elle est une œuvre collective de toutes les équipes qui m'ont accompagné dans ces trois mandatures.

Les élus municipaux sacrifient beaucoup de temps et beaucoup d'énergie, avec des indemnités dérisoires, pour mettre en œuvre les projets et répondre aux attentes des habitants. Ces équipes ont accepté un fonctionnement exigeant. Chaque élu a une délégation qui peut donner lieu à des réunions spécifiques ; pas de conseil municipal sans AG de liste, pas de décision importante sans réunion de l'équipe... soit en moyenne une AG mensuelle. Pour le maire et ses adjoints un BM (bureau municipal) où tout conseiller de la liste peut y assister... Il n'y a pas de conseil municipal sans la tenue de réunions de commissions.

Nous ne concevions pas un engagement municipal sans une fort engagement et une démocratie interne où chacun peut s'exprimer.

Sans eux, sans leur engagement et leur loyauté, je ne serais rien. Je tiens donc ici à les remercier vivement. Vous trouverez ci-après la liste exhaustive de ces trois équipes municipales majoritaires.

Enfin vous trouverez aussi les noms des directeurs généraux qui ont piloté ces politiques avec diligence et efficacité et je tiens ici, bien sûr, à souligner l'importance de l'engagement professionnel de toute l'administration municipale qui joue le rôle d'un vrai filet de protection de manière quotidienne et permanente auprès des populations. L'administration municipale est une administration de proximité qui fait vivre notre république. Elle est souvent victime d'un dénigrement particulièrement injuste venant de la droite et de l'extrême droite qui ne cessent de vanter les mérites du secteur privé contre le service public. L'immense majorité des habitants de notre commune leur sont reconnaissants. Nous sommes fiers de les avoir défendus et promus.

Grabels, le 22 juileet 2025

Les élus à la ville de Grabels
Mandat 2008-2014

HEYMES Pascal, 1er Adjoint
(Démission, remplaçant : AUFRANC Thierry)
SORRIAUX Nicole, 2ème Adjointe
PAGES Jean-Louis, 3ème Adjoint
GALANT Christine, 4ème Adjointe
FLACHER Bruno, 5ème Adjoint
CHAMUSSY Nancy, 6ème Adjointe
CAMPOS Richard, 7ème Adjoint
(Décès, remplaçant : OLIVARES Jean-Pierre)
ALEXANDRE Marie-Annick, 8ème Adjointe
SOUQUE Auguste, Conseiller municipal
(Démission, remplaçant : FABBRIZIO Éric)
MARTICHON Jacqueline, Conseillère municipale
LAIGNELET Thérèse, Conseillère municipale
OLIVARES Jean-Pierre, Conseiller municipal
NICOLE Sylvain, Conseiller municipal
MIDOL Pascale, Conseillère municipale
(Démission, remplaçant : SAID Mounime)
DIVET Jean-Pierre, Conseiller municipal
DANCE Dominique, Conseillère municipale
JABADO Claire, Conseillère municipale
BERNARD Patricia, Conseillère municipale
CORP Christophe, Conseiller municipal
AUFRANC Thierry, Conseiller municipal
GONDRAN Claire, Conseillère municipale
VERNEDAL Clément, Conseiller municipal
(Démission, remplaçant : PARLANT Gérard)
CARBONEL-BRINGIER Simone, Conseillère municipale
FABBRIZIO Éric, Conseiller municipal
SAID Mounime, Conseiller municipal
PARLANT Gérard, Conseiller municipal

Mandat 2014-2020

AUFRANC Thierry, 1er Adjoint
GALANT Christine, 2ème Adjointe
OLIVARES Jean-Pierre, 3ème Adjoint
SORRIAUX Nicole, 4ème Adjointe
PAGES Jean-Louis, 5ème Adjoint
ALEXANDRE Marie-Annick, 6ème Adjointe
FLACHER Bruno, 7ème Adjoint
CHAMUSSY Nancy, 8ème Adjointe
GONDRAN Claire, Conseillère municipale
VOOGDT Bernard, Conseiller municipal
LEMAIRE Yannick, Conseiller municipal
PARLANT Gérard, Conseiller municipal
DIVET Jean-Pierre, Conseiller municipal
MARINES Jean-François, Conseiller municipal
COUDRAY-COUDERC Mariette, Conseillère municipale
(Démission, remplaçante : KRETZ Catherine)
CELIE Christophe, Conseiller municipal
LACHENAL Renaud, Conseiller municipal
JABADO Claire, Conseillère communautaire
Conseillère municipale
CHALME Sophie, Conseillère municipale
DIRHOUSSI Zohra, Conseillère municipale
ERLICH Célia, Conseillère municipale
CARRERE Véronique, Conseillère municipale

Mandat 2020-2026

OLIVARES Jean-Pierre, 1er Adjoint
DIRHOUSSI Zohra, 2ème Adjointe
WOILLET Frédéric, 3ème Adjoint
VERDIER Nathalie, 4ème Adjointe
FIANDINO Franck, 5ème Adjoint
FERRON Cléo, 6ème Adjointe
CELIE Christophe, 7ème Adjoint
KRETZ Katy, Conseillère municipale
VEZINHET Joël, Conseiller municipal
MAJOREL Christine, Conseillère municipale
MARTIN Jean-Luc, Conseiller municipal
(Démission, remplaçante : ALBEROLLA-LAMARRE Vérane)
BIJANZADEH-ASTARAÏ Sona, Conseillère municipale
WATTELLIER Marie-Louise, Conseillère municipale
MARCHOUD Mustapha, Conseiller municipal
RICHE Jean-Loup, Conseiller municipal
THIMON Betty, Conseillère municipale
CARMONA Sylvie, Conseillère municipale
MILLET Pascal, Conseiller municipal
(Démission, remplaçante : PARET Evelyne)
DEROUICHE Mourad, Conseiller municipal
MOGHEL Najat, Conseillère municipale
(Démission, remplaçant : CLARAC Jean)
MONTAGNE Marie-Sahra, Conseillère municipale
ALBEROLA-LAMARRE Vérane, Conseillère municipale
PARET Evelyne, Conseillère municipale
CLARAC Jean, Conseiller municipal

Je rends hommage à l'administration municipale et à son professionnalisme, administration dirigée successivement par les directeurs généraux des services : Rolland Beldame (2008-2012), Laure Causse (2012-2021), Fabien Blasco (depuis 2021) et par le directeur général adjoint : Yann Issard (depuis 2016)

Du même auteur :

Capitalisme une mise en perspective, Editions Un monde nouveau, 2024

De Lambert à Mélenchon (tome 1), Editions Un monde nouveau, 2025

Dans la même collection :

Impacts géopolitiques de la guerre en Ukraine, Editions Un monde nouveau, 2024

Comprendre et vaincre le fascisme, Editions Un monde nouveau, 2025

Gaza géopolitique de la puissance, Editions Un monde nouveau, 2025

Achevé d'imprimer par
Normandie Roto Impression s.a.s.
61250 Lonrai
N° d'impression : 2505318

Imprimé en France